번역을 하고 싶다
잘

『노인과 바다』로 풀어보는 번역의 기술

번역을 하고 싶다

잘

[부사] 익숙하고 능란하게

조종상 지음

소리

차례

서문 · 8
이 책의 활용법 · 14

|1부| 입문

1강 번역가의 역할과 번역의 초점 · 19
2강 번역은 의미의 전달이자 제2의 창작 · 28
3강 올바른 번역이란 · 35
4강 번역에 필요한 기술(구문 및 영단어 이해, 인터넷 검색) · 44
5강 번역가의 어려움 · 51
6강 문장의 중심이 되는 동사 · 60
7강 명사 매끄럽게 번역하기 · 67
8강 형용사 매끄럽게 번역하기 · 75
9강 부사 매끄럽게 번역하기 · 83
10강 교정, 번역의 화룡점정 · 90

|2부| 교정

11강 교정에 익숙해지기 1 · 99
12강 교정에 익숙해지기 2 · 117

13강 교정에 익숙해지기 3 · 135
14강 교정에 익숙해지기 4 · 149
15강 교정에 익숙해지기 5 · 161
16강 교정에 익숙해지기 6 · 173
17강 교정에 익숙해지기 7 · 184
18강 교정에 익숙해지기 8 · 195

|3부| 번역

19강 능란하게 번역하기 1 · 210
20강 능란하게 번역하기 2 · 212
21강 능란하게 번역하기 3 · 214
22강 능란하게 번역하기 4 · 216
23강 능란하게 번역하기 5 · 218
24강 능란하게 번역하기 6 · 220

풀이 · 224
에필로그 · 252

J. C.,

I sincerely thank you for letting me write

this book and letting Sori publish it!

서문

이 책은 번역가를 희망하는 사람, 또는 초보 번역가에게 번역(업)에 대한 기본적인 이해와 실질적인 방법을 알려주고자, 번역가이자 번역회사 및 출판사 대표인 필자(이하 '나')의 개인적 경험을 토대로 기획한 번역 기초 교재이다. 현재 시중에 나와 있는 여느 번역 관련 서적들과는 달리 교재 형식을 가미해 일정 기간 학습을 통해 번역에 대한 기본 정보와 기술을 습득할 수 있도록 구성했다. 이 교재에서 번역은 영어 번역을 대상으로 한다.

책의 구성과 특성을 살펴보자.

1부 번역에 대한 개요와 예문 : 1~10강
2부 교정 실습 : 11~18강
3부 번역 실습 : 19~24강

영어 관련 설명은 독자가 기본적인 영문법을 어느 정도 숙지하고 있다는 것을 전제로, 문장의 구성을 확인하고 이해할 수 있는 수준에서 언급했다.

단어 뜻풀이는 문장 이해에 필요한 범위에서 임의로 선정, 기재했다. 어떤 경우에는 그 단어가 쓰이는 모든 품사의 대표적인 뜻을, 또 어떤 경우에는 문장 설명에 필요한 품사의 뜻만을 표기했다.

'문장 설명'에는 각 문장(구, 단어)의 기본적인 의미를 설명했기 때문에 실제 번역문으로 정리한 문장과는 어휘 선택이 다른 경우도 있다. 특별히 어떤 형식에 맞추지 않고 사실은 사실대로, 의견은 의견대로 자유롭게 기술했다. 설명을 위해 원문을 인용할 때에는 기본적으로 해당 문장의 처음과 끝 단어 하나씩만 표기했고, 문장 확인을 돕기 위해 두 개 이상 표기한 경우도 있다. 영어 단어나 구를 설명할 때에는 설명 내용에 따라 원문 그대로 표기하거나 기본형으로 표기했다. '번역가'라는 용어는 경우에 따라 '역자'로 쓰기도 했다.

　'문장 설명' 다음에는 독자가 직접 번역문을 작성해볼 수 있도록 실습란을 마련해놓았다. 무엇이든 마찬가지이겠지만, 실제 해보는 것이 실력을 향상하는 가장 효과적인 방법이므로 실습은 꼭(!) 해보길 강권한다.

　1부에서 '번역 예'에 실은 번역문은 한 가지 예시이다. 번역이 뜻은 같아도 표현이 다양할 수 있는 작업이어서 정답으로 제시한 것은 아니다. 어떤 경우에는 '문장 설명'에서 좀 더 자세히 설명하기 위해, 또는 독자가 더 나은 번역문을 만들어보도록 일부러 직역투의 번역문을 예시로 싣기도 했다. 또 필요한 경우에는 두 가지 이상의 번역 예를 제안했다. 영어 예문으로는 『노인과 바다』의 주요 내용을 놓치지 않는 범위에서 가능한 한 각 강(講)의 소제목과 그 개요에 부합하는 문장을 실으려고 했다.

　2부에는 원문과 번역문을 실었는데 초보 번역가의 번역문을 그대로 옮겼다. 오탈자가 있는 경우 그대로 두었으며, 이에 대해서는 '문장 설명'에서 일부 언급했다. 특별히 11~12강은 번역문(국문)만을 보고 교정 작업을 한 '교정문'을 함께 실어 교정의 효과를 느껴볼 수 있게 구성했다. 따라서 정확한 내용으로 최종 교정된 것이 아니라 틀린 내용이 그대로 옮겨진 경우도 있고 필요한 내용이 적용되지 않은 경우도 있다. 또한 내가 생각하는 번역 문장은 '문장 설명'에서 초보 번역가의 번역문과 비교, 설명하면서 제시하거나 원문에 대한 설명과 함께 제시했다.

　3부의 경우 독자가 직접 번역을 해볼 수 있도록, 본문에는 영어 원문과 일부 단어 뜻만을 싣고 '문장 설명'은 '풀이'난에 따로 실었다.

　이 책을 총 24강으로 구성하고, 각 강을 가능한 한 적합한 예문과 적절한 분량으로 구성하면서도, 이 한 권에 『노인과 바다』의 주요 장면뿐 아니라 시작과 끝을 담으려 했기 때문에 각 강의 분량은 다소 차이가 있다.

    이 책의 내용은 크게, 번역가로서의 내 생각과 소설 『노인과 바다』, 그리고 그 소설에 대한 번역 설명으로 구성되어 있다. 즉 모든 예문은 『노인과 바다』의 일부를 순차적으로 옮기되 내가 중요하다고 생각하는 장면을 선별, 발췌했다. 그에 대한 설명은 『노인과 바다』에 대한 나의 번역문이라고 할 수 있다. 물론 내 생각이 모든 번역가의 생각을 대표하는 것은 아니며 영어나 우리말 설명 역시, 최대한 객관적인 자료를 근거로 설명하려고는 했지만 글이란 글쓴이의 지적(知的) 수준을 넘지 못하기에 한계와 오역, 오류가 있을 수 있다. 그럼에도 내가 알고 있고, 내가 찾을 수 있는 범위 안에서 설명하려고 노력했다. 그 이유는 이 책이 영어나 우리말을 가르치기 위한 것이 아니라, 번역이라는 하나의 글쓰기에 대한 전반적 이해와 특성을 알려주고, 이를 통해 독자가 실전 경험을 쌓음으로써 번역을 잘할 수 있는 '방법'을 찾아가게 하는 데에 목적을 두고 기획된 것이기 때문이다.

    나는 어학을 전공하지도 않았고 대학원에서 번역 공부를 하지도 않았으며 외국 생활을 해본 적도 없다. 하지만 번역가로서 몇 권의 책을 번역했으며 현재 번역 강의(서대문여성인력개발센터)를 진행하고 있다. 실제 번역을 하고 싶어 하는 이들 중에는 번역에 입문할 당시의 나처럼 번역과 관련한 이력이 일천한 사람이 적지 않으리라 생각한다. 물론 내 사례가 일반화될 수는 없다. 아니, 상당히 드문 경우일지도 모른다. 그래서 나는 가끔 수업 중에, 감사하게도 나는 꽤 잘된 사례라고 말하곤 한다.

    사실 나 자신이 번역을 아주 잘한다거나 영어와 우리말 실력이 뛰어나다고 생각하지 않는다. 오히려 많이 부족해서 늘 배워야 하는 사람이라고 생각한다. 그렇기 때문에 이 책 역시, 뛰어난 번역 실력이나 학문적 지식을 전달할 목적으로 만든 책이 아님을 다시 한 번 밝혀두는 바이다. 앞서 언급했듯이 번역을 어떻게 시작해야 할지 잘 모르는 사람들과 이제 갓 입문한 초보 번역가들에게, 그들보다 한 발 앞서 번역을 시작한 선배로서, 조금이나마 실질적인 도움이 되길 바라는 마음으로 이 책을 썼다.

번역은 상당히 가치 있는 일이고 또 중요한 일이다. 번역을 하면 할수록 절감하는 점이다. 그래서 번역은 최대한 정확하고 바르게 해야 하며 그러기 위해서는 부단한 공부와 노력이 필요하다. 여기서 말하는 공부와 노력이 학력이나 어떤 자격증을 뜻하는 것은 아니다. 사람들은 보통 번역에 대해 두 가지 극단적인 편견(?)을 갖고 있다. 하나는 회화를 할 줄 알면 번역도 쉽게 할 수 있다는 생각이다. 또 하나는, 번역은 대학에서 관련 학과를 전공하거나 통번역대학원을 나오거나, 해당 언어권에서 생활하지 않으면 할 수 없는 어려운 일이라고 생각하는 것이다. 이 두 가지 생각은 맞을 수도 있고 틀릴 수도 있다. 그런데 틀리다고 보는 것이 더 정확하다. 회화에 능숙한 사람도 번역은 어려워하는 경우가 있고 통번역대학원을 나온 사람의 번역 결과가 기대 이하인 경우도 실재한다.

사실 번역은 창작의 범위에 속하는 분야라 해도 과언이 아니며, 다른 나라 글을 우리글로 바꾸는 일, 그 이상의 작업이라고 할 수 있다. 번역가는 작가와 같다고 해도 무방하다. 영어 실력 못지않게—어쩌면 더—국어 실력이 중요하며 우리말을 자연스럽고 매끄럽게 쓸 줄 알아야 한다. 우리는 작가에게 학력과 자격증을 요구하지 않는다. 마찬가지로 번역가에게도 실상 학력과 자격증은 큰 의미가 없다. 물론 영어를 더 많이 접했거나, 그와 관련된 전공을 이수했거나, 시험을 통해 일정 수순을 갖췄다는 인증을 받았다면 분명 번역하는 데 도움이 될 것이고 그런 사람들의 실력이 더 좋을 개연성은 높을 것이다. 하지만 그것은 절대적 조건도 아니고 결과물과 등치되는 요소도 아니다. 오히려 자신이 번역이라는 일에 열정이 있는지, 재능과 적성이 번역이라는 일에 부합하는지가 가장 중요한 조건이자 요소라고 할 수 있다. 번역과 관련한 경력이 전혀 없는 사람이라도, 자신의 재능과 적성에 비추어 적합한 일이라고 판단한다면 번역은 충분히 도전할 만한, 의미 있는 일이 될 것이다.

번역을 하고 싶은가? 번역가가 되고 싶은가? 그렇다면 그 길이 긴 여행이 될 것이라는 사실을 미리 염두에 두길 바란다. '처음부터' 경제적인 성과에 큰 비중을 두어선 안 된다. 만약 그런 사람이 이 책을 읽고 있다면 여기서 책을 접는 게 좋겠다. 물론 번역을 해서 쉽게 그것도 빨리, 적지 않은 경제적 성과를 얻을 수도 있겠지만 사실, 그런 경우는 드물다. 그렇게 되기 위해서는 기본적으로 실력과 경력, 분야 등 여러 요소가 맞아떨어져야 하기에 쉽게 이룰 수 있는 것은 아니라는 말이다. 하지만 정말 '번역가'가 되고 싶다고 생각하는 사람이 이 책을 읽는다면, 계속해서 책장을 넘겨보길 권한다. 모든 분야가 마찬가지이겠지만, 번역에 대한 바른 뜻을 품고 묵묵히 걸어가다 보면 언젠가는 자신의 목표에 도달할 것이다. 어떤 학습, 어떤 과정을 통해서건 이제는 번역을 할 수 있겠다는 생각이 드는 날이 오더라도, 실상 프리랜서로서 번역을 한다는 것은 그 시작 자체가 결코 쉽지 않은 일이다. 하지만 실력이 있으면, 단 한 번의 기회만으로도 거래처가 확보될 수 있는 일이 번역이기도 하다. 정말 번역가가 되고 싶은 사람, 번역을 더 잘하고 싶은 초보 번역가에게 이 책이 꼭 도움이 되길 바란다.

이 책은, 좀 더 정확한 설명을 위해 각종 포털사이트와 사전류의 인터넷 사이트를 활용했고, 박병화 교수 및 번역가 모임인 '소리모아'의 『노인과 바다』 번역 초고를 비교, 검토 자료로 사용했음을 밝힌다. 이 지면을 빌려 그분들께 진심으로 감사의 마음을 전한다.

아울러 좀 더 정확한 설명이 될 수 있도록 조언을 아끼지 않은 송경희, 이주선 교정자와 서대문여성인력개발센터 번역 교육 수강생들, 그리고 이 책을 보기 좋게 꾸며준 이수정 디자이너께 심심한 감사를 표한다.

2016년 5월 조종상

소설을 예문으로 삼은 이유

　번역을 하고 싶어 하는 사람들이 공부를 처음 시작하면서 궁금해하는 것 중 하나가 번역 분야에 따른 학습 방법의 차이다. 그 궁금증 이면에는 다양한 분야의 번역을 어떻게 다 공부할 수 있을까 하는 염려가 자리 잡고 있다. 실제 실무에서 접하는 번역 분야는 꽤 다양하기 때문에 이는 지극히 자연스러운 생각이며, 따라서 번역 분야마다 학습 경험을 쌓는 것 역시 유용하다고 할 수 있다.

　그런데 나는 이 책에서 소설만을 예문으로 삼았다. 사실 소설이나 시 등 문학 번역은 가장 높은 수준의 번역을 필요로 하는 분야로 평가받고 있다. 그러나 나는 문학, 그중에서도 소설이 모든 번역 학습의 기초 자료로 꽤 유용하다고 생각한다. 논문 또는 학문을 다루는 전문 서적, 실용서, 매뉴얼, 문학 등 분야를 막론하고 모든 문서 번역의 기본은 사실 '문장'이고, 그 '문장'을 해당 분야에 맞게 자연스럽게 표현하는 것이 번역의 품질을 좌우하는 중요 요소라 할 수 있는데, 이를 위해 필요한 능력이 표현력과 문장력이며, 이런 능력을 향상시킬 수 있는 좋은 학습 자료가 바로 소설이다. 가장 기본이 되면서도 가장 높은 수준까지 다룰 수 있는 분야. 내가 소설을 이 교재의 예문으로 삼은 이유다.

> 이 책의 활용법

　　이 책은 기존의 번역 관련 도서와는 달리 기초적 이론에 교재 형식을 가미한 번역 기초 교재다. 이제 막 번역에 관심이 생긴 사람과 초보 번역가를 특별히 염두에 두고 집필한 책으로, 그들에게 많은 도움이 될 만한 도서라고 생각한다. 다음은 이 책의 활용 방법이다. 이를 바탕으로 책을 읽어나간다면 더욱 큰 효과를 기대할 수 있을 것이다.

1부

개요와 예문, 단어, 번역 예, 문장 설명 그리고 실습으로 구성되어 있다.

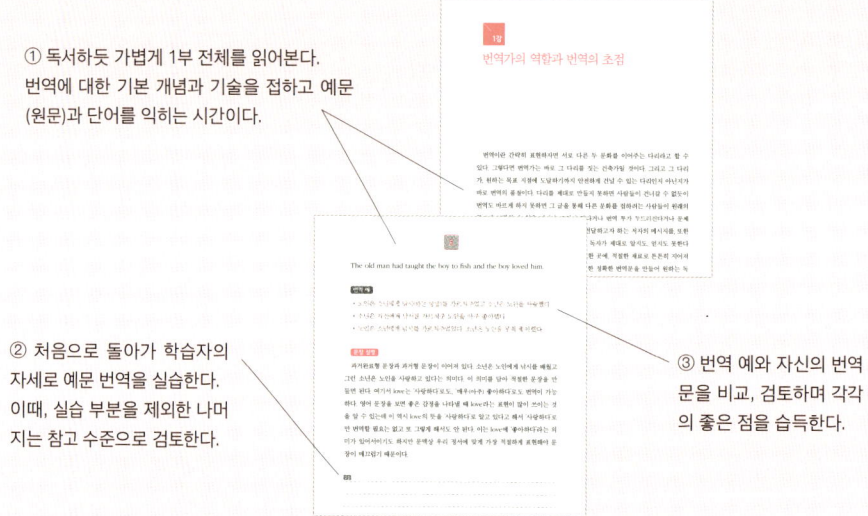

① 독서하듯 가볍게 1부 전체를 읽어본다.
번역에 대한 기본 개념과 기술을 접하고 예문(원문)과 단어를 익히는 시간이다.

② 처음으로 돌아가 학습자의 자세로 예문 번역을 실습한다. 이때, 실습 부분을 제외한 나머지는 참고 수준으로 검토한다.

③ 번역 예와 자신의 번역문을 비교, 검토하며 각각의 좋은 점을 습득한다.

2부

원문, 단어, 번역문, 교정문(11, 12강)으로 구성되어 있다.

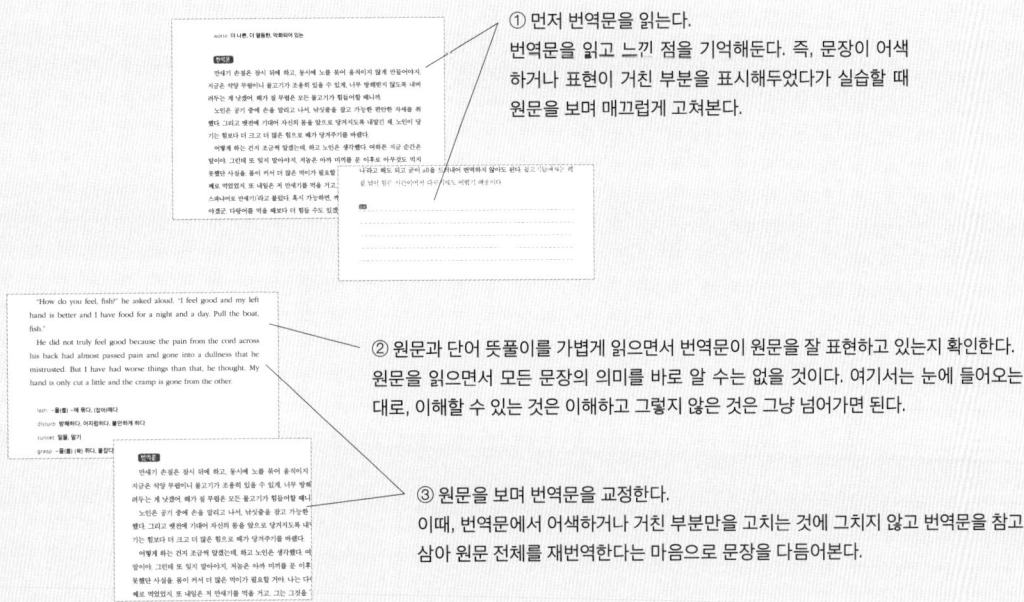

① 먼저 번역문을 읽는다.
번역문을 읽고 느낀 점을 기억해둔다. 즉, 문장이 어색하거나 표현이 거친 부분을 표시해두었다가 실습할 때 원문을 보며 매끄럽게 고쳐본다.

② 원문과 단어 뜻풀이를 가볍게 읽으면서 번역문이 원문을 잘 표현하고 있는지 확인한다. 원문을 읽으면서 모든 문장의 의미를 바로 알 수는 없을 것이다. 여기서는 눈에 들어오는 대로, 이해할 수 있는 것은 이해하고 그렇지 않은 것은 그냥 넘어가면 된다.

③ 원문을 보며 번역문을 교정한다.
이때, 번역문에서 어색하거나 거친 부분만을 고치는 것에 그치지 않고 번역문을 참고 삼아 원문 전체를 재번역한다는 마음으로 문장을 다듬어본다.

3부

원문, 단어로 구성되어 있다.

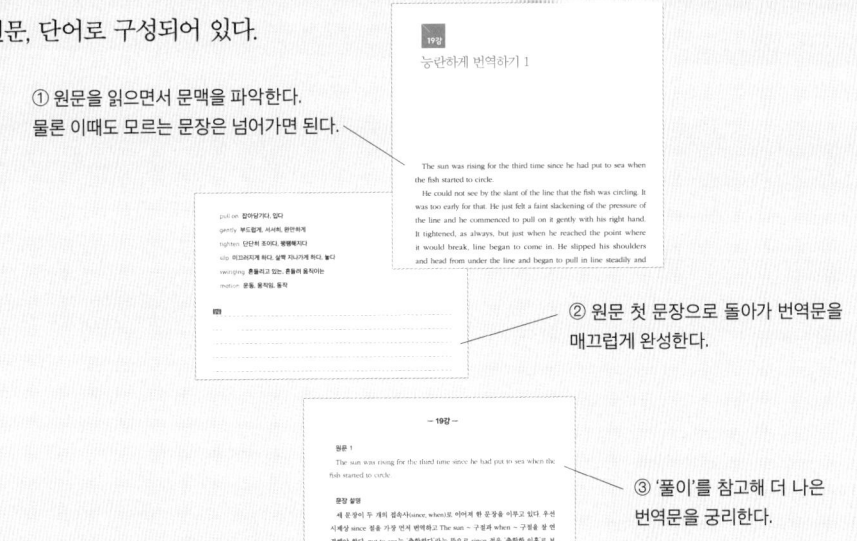

① 원문을 읽으면서 문맥을 파악한다.
물론 이때도 모르는 문장은 넘어가면 된다.

② 원문 첫 문장으로 돌아가 번역문을 매끄럽게 완성한다.

③ '풀이'를 참고해 더 나은 번역문을 궁리한다.

15

1부

입문

| 구성과 목표 |

개요와 예문을 통해 번역에 대한
기초 지식과 기술을 습득한다.

1강
번역가의 역할과 번역의 초점

번역이란 간략히 표현하자면 서로 다른 두 문화를 이어주는 다리라고 할 수 있다. 그렇다면 번역가는 바로 그 다리를 짓는 건축가일 것이다. 그리고 그 다리가, 원하는 목표 지점에 도달하기까지 안전하게 건널 수 있는 다리인지 아닌지가 바로 번역의 품질이다. 다리를 제대로 만들지 못하면 사람들이 건너갈 수 없듯이 번역도 바르게 하지 못하면 그 글을 통해 다른 문화를 접하려는 사람들이 원래의 목표에 도달할 수 없을 것이다. 오역이 많다거나 번역 투가 두드러진다거나 문체가 원문과 어울리지 않으면 그 글을 통해 전달하고자 하는 저자의 메시지를, 또한 그 글을 통해 얻고자 하는 내용과 효과를 독자가 제대로 알지도, 얻지도 못한다는 말이다. 다리가 기본적으로 그것이 필요한 곳에, 적절한 재료로 튼튼히 지어져야 하듯, 번역 또한 적합한 기술로 가능한 한 정확한 번역문을 만들어 원하는 독자에게 제대로 전달되어야 한다. 간략히 정리하면, 번역가는 외국어 원문의 내용을 '충분히' 이해한 뒤 그 내용이 자국의 독자에게 최대한 '온전히' 전달되도록 원문을 자국어로 옮기는 일을 하는 사람이고 그러한 작업이 바로 번역이라고 할 수 있다.

1

He was an old man who fished alone in a skiff in the Gulf Stream and he had gone eighty-four days now without taking a fish.

skiff 소형 보트(작은 배)

Gulf Stream (멕시코)만류

fish 낚다, 낚시질하다, 고기잡이하다.

『노인과 바다』의 첫 문장이다.
위 문장을 번역하면 다음과 같다.

번역 예

- 그는 멕시코만류에서 작은 배를 타며 홀로 물고기를 잡는 노인으로 84일 동안 물고기를 한 마리도 잡지 못한 상태였다.

다르게 번역해보자.

- 노인은 멕시코만류에서 홀로 고기를 잡는 사람(어부)으로 84일 동안 물고기를 한 마리도 잡지 못하고 있었다.

문장은 서로 다르지만 의미는 같다. 독자가 이 문장을 번역한다면 어떻게 번역하겠는가. 위 두 번역문뿐만 아니라 또 다른 문장도 가능하다. 의미는 같지만 다르게 표현할 수 있다는 말이다. 번역은 이처럼—의미가 틀리지 않는다면—다양한 문장으로 그 결과물을 만들어 낼 수 있다. 그래서 번역가의 문장력이 중요하다.

Tip 1

번역은 원문을 이해하고 그 글을 내(번역가) 글로 쓰는 것이다. 실제로 같은 원문을 여러 명에게 주고 번역을 의뢰하면 똑같은 번역문은 거의 나오지 않는다.— 물론 아주 간단한 문장들은 비슷하거나 똑같은 번역문이 나올 수도 있다 —다 자신만의 문체와 글이 있기 때문이다. 정답을 찾으려 하지 말라. 아니, 정답이 하나라고 생각하지 말라.

문장 설명

시제가 과거인 문장과 과거완료인 문장이 접속사 and로 이어져 있다. 관계대명사와 동명사도 눈에 띈다. an old man을 관계대명사 who 이하가 수식하고 있다. go는 '가다'는 뜻을 지닌 기초 단어이지만 여기서 그 뜻을 그대로 옮기는 건 적절해 보이지 않는다. 이처럼 알고 있는 단어인데 그 단어가 문장 안에서 매끄럽게 연결되지 않을 때에는 사전에서 다양한 용례를 찾으면서 그 단어가 내포하는 어감을 이해하고 번역해야 한다. 여기서 go는 '견디어내다' '지내다' '살아내다' 등으로 번역하는 것이 좋겠다. now는 흔히 '이제' '지금'이라는 뜻으로 알고 있지만 시제와 상황에 따라 달리 번역해야 한다. 과거 시제에서는 '그때'로도 번역 가능하고, 때를 나타내는 말과 함께 쓰일 때는 '벌써'로도 번역할 수 있다. 이 문장에서는 화자가 말하는 시점(과거)을 기준으로 때와 연결하여 '벌써 84일이 지났다'는 의미로 이해하고 전체 문장을 적절히 풀어주면 된다. fish는 동사로 '낚시하다'라는 의미가 있지만 이 문장에서는 '낚시'가 주는 어감상 생업과는 어울리지 않아 '(물)고기를 잡는'으로 번역하는 게 더 나아 보인다.

문장을 순서대로 우리말로 풀면 '그는 노인인데 (어떤 노인이냐면) 멕시코만류에서 작은 배를 타고 혼자 고기를 잡는 노인이며, 그는 물고기를 단 한 마리도 잡지 못한 채 84일을 지내왔다(벌써 84일이 지났다), 또는 84일 동안 물고기를 단 한 마리도 잡지 못한 상태였다'고 쓸 수 있다. and를 기준으로 앞 문장은 과거 시점으로 노인에 대한 담백한 설명을, 뒤 문장은 그 설명하는 시점(과거) 전까지(과거완료) 84일 동안 물고기를 잡지 못하고 있었다는 내용을 담고 있다. 저자의 서술 방식(시점)에 의해 과거와 과거완료 시제가 쓰였지만 실제로는 현재와 현재완료 시제로 이해하면 된다. 이 두 문장의 의미를 이해한 뒤, 한 문장으로 정리하여 번역하면 앞선 예문처럼 좀 더 다듬어진 문장을 만들 수 있다. 의미가 통한다면 원문에 있는 모든 단어를 다 드러내어 번역할 필요는 없다.

실습

2

It made the boy sad to see the old man come in each day with his skiff empty and he always went down to help him carry either the coiled lines or the gaff and harpoon and the sail that was furled around the mast.

empty 빈, ~이(가) 결여된, 공허한, 비우다, 내쏟다
coiled 휘감긴
gaff 갈고리, 작살, (물고기를) 갈고리에 걸다, 작살로 찌르다
harpoon 작살, …에 작살을 박다
sail 돛, 항해, 범선, 배를 타고 가다, 항해하다
furl 감다, 감아올리다, 접다
mast 돛대

번역 예

소년은 노인이 매일 빈 배로 들어오는 것을 보면 마음이 좋지 않았다. 그래서 늘 노인에게로 가서 노인을 도와 줄을 나르거나 갈고리 그리고 작살과 돛이 감겨 있는 돛대를 나르곤 했다.

> 문장 설명

이 문장 역시 두 문장이 이어진 중문이다. 앞 문장은 가주어, 진주어 구문으로 to see ~ 하는 것이 소년(boy)을 슬프게(sad) 했다(made)는 의미다. sad를 '마음이 좋지 않다'로 번역했는데, 틀린 번역일까? 나는 그렇지 않다고 생각한다. see ~ day는 노인(the old man)이 날마다(each day) 들어오는(come in) 모습(상태)을 보다(see)는 뜻이고 with 이하가 그 모습(상태)을 설명해주고 있다. his skiff empty에서 skiff와 empty 사이에는 which was(주격 관계대명사+be동사)가 생략된 것으로 이해하면 되고, empty가 his skiff를 설명(수식)하므로 '빈 배'로 번역하면 된다. 뒤 문장에는 either ~ or 구문과 to 부정사(~하기 위해) 그리고 관계대명사(the sail을 수식)가 쓰였다. 실제 그냥 다 나열해도 큰 문제는 없어 보이지만 either의 뜻을 살려, '줄을 나르거나 갈고리와 작살 그리고 돛이 감겨 있는 돛대를 나르다'로 번역하면 될 것이다. 그런데 여기서 번역 예처럼 '갈고리 그리고 작살과 돛이 감겨 있는 돛대'로 번역하면 자칫 돛대에 돛뿐만 아니라 갈고리와 작살이 모두 감겨 있는 것으로도 읽힐 수 있기 때문에 위 설명처럼 좀 더 정확한 표현이 되도록 번역해야 한다. 아울러 the sail that was furled around the mast는 '돛대에 감겨 있는 돛'이라는 뜻이지만 이를 carry와 연결하여 '돛대에 감겨 있는 돛을 나르다'라고 번역하면 문장이 자연스럽지 않고, 문장을 조금 바꿔 '돛을 날랐다. 돛은 돛대에 감겨 있었다'라고 번역해도 전체 문장에서 봤을 때 어울리지 않는 건 마찬가지다. 이럴 땐 그 상황(장면)을 이해하고 우리글에 맞게 번역하면 된다. 번역 예나 설명에서처럼 '돛이 감겨 있는 돛대를 나르다'라고 번역하면 될 것이다. 참고로 help + 목적어(사람) + do는 '목적어가 do하는 것을 돕다'로도 번역할 수 있지만 번역 예와 같이 '목적어를 도와 do하다'로도 번역할 수 있다.

> 실습

3

The old man was thin and gaunt with deep wrinkles in the back of his neck.

thin 얇은, 가냘픈, 홀쭉한
gaunt 여윈, 수척해진, 황량한
wrinkle 주름(살), ~을(를) 주름지게 하다, 구겨지다

번역 예

- 노인은 마르고 여위었으며 목덜미에는 깊게 주름이 패어 있었다.
- 마르고 여윈 노인의 목덜미에는 주름이 깊게 패어 있었다.

문장 설명

크게 어렵지 않은 문장이다. 순서대로, 노인은 thin하고 gaunt하며 목덜미에는 깊은 wrinkle이 있다 정도로 번역하고, 혹시 단어 뜻을 모르면 사전에서 뜻을 찾아 문장을 만들면 된다.

실습

Tip 2

번역은 모든 지식을 머리에 담고 있어야만 할 수 있는 작업이 아니다. 단어 뜻 등 잘 알지 못하는 것, 기억나지 않는 것들은 다 찾아가면서 할 수 있는 일이다. 따라서 번역은 많은 지식을 암기하는 것이 중요하다기보다 오히려 정보를 잘 찾고, 찾은 내용을 잘 적용하는 것이 중요하다.

4

Everything about him was old except his eyes and they were the same color as the sea and were cheerful and undefeated.

cheerful 쾌활한, 씩씩한, 즐거운

undefeated 패배하지 않은, 불패의

번역 예

- 노인은 눈을 제외하고는 늙은이의 모습 그대로였다. 눈은 바다와 같은 색을 띠었고 활기차며 불패의 기운을 담고 있었다.
- 노인의 육체는 많이 늙어 있었다. 하지만 눈만은 달랐다. 바다처럼 푸른빛을 띤 눈에는 생기가 있었고 패배감이라고는 결코 찾아볼 수 없었다.

어느 번역이 더 좋은가. 앞서 말했듯 또 다른 번역도 가능하다.

문장 설명

세 문장이 이어져 있는 하나의 문장이지만 주요 내용은 두 가지, everything과 eyes이기 때문에 번역 예처럼 두 문장 또는 세 문장으로 번역문을 만들어도 괜찮을 것 같다. 순서대로 보면, '그에 대한 모든 것이 오래되었다, 눈을 제외하고는 (여기서 they는 eyes가 되겠다). 눈은 바다와 같은 색이었고 활기—또는 생기—가 있으며 패배감이라고는 찾아볼 수 없었다' 정도로 문장을 이해하면 된다.

실습

5

The old man had taught the boy to fish and the boy loved him.

번역 예

- 노인은 소년에게 낚시(하는 방법)를 가르쳐주었고 소년은 노인을 사랑했다.
- 소년은 자신에게 낚시를 가르쳐준 노인을 아주 좋아했다.
- 노인은 소년에게 낚시를 가르쳐주었었다. 소년은 노인을 무척 좋아했다.

문장 설명

과거완료형 문장과 과거형 문장이 이어져 있다. 소년은 노인에게 낚시를 배웠고 그런 소년은 노인을 사랑하고 있다는 의미다. 이 의미를 담아 적절한 문장을 만들면 된다. 여기서 love는 '사랑하다'로도, '매우(아주) 좋아하다'로도 번역이 가능하다. 영어 문장을 보면 좋은 감정을 나타낼 때 love라는 표현이 많이 쓰이는 것을 알 수 있는데 이 역시 love의 뜻을 '사랑하다'로 알고 있다고 해서 '사랑하다'로만 번역할 필요는 없고 또 그렇게 해서도 안 된다. 이는 love에 '좋아하다'라는 의미가 있어서이기도 하지만 문맥상 가장 적절하게, 우리 정서에 맞게 표현해야 문장이 매끄럽기 때문이다.

실습

Tip 3

실제 우리는 영어 단어를 사전이나 교재에 수록된 몇 가지 뜻으로만 배워왔기 때문에 영어 원문을 번역할 때 알고 있는 단어 뜻에 가로막혀 문장을 좀 더 다듬지 못하고 표현에 한계를 보이는 경우가 많다. 이는 남의 번역문을 교정(2부 교정 실습 참고)해보면 쉽게 발견할 수 있다.

어떤 단어를 국어로 번역할 때에는 문장에서 그 단어가 어떤 뜻으로 쓰였는지 파악해야 한다. 특히 형용사나 부사의 경우, 사전에는 나오지 않는 뜻일지라도 번역가가 원문에서 그 어감—적절한 의미—을 충분히 이해한다면 그 뜻으로 번역할 수 있어야 한다. 다만 이는 원문을 충분히 이해하고 오역이 아닌 범위에서 가장 적절한 의미의 단어를 적용해야 한다는 뜻이지, 단어의 원의(原義)는 무시한 채 자연스러운 번역문만 만들면 된다는 말은 결코 아니다. 실제 사전에는 단어의 용례가 거의 다 수록돼 있는데 혹 그렇지 않을 경우라도 원의에서 벗어나지 않는 뜻의 우리말로 번역문을 만들어야 할 것이다.

예컨대, The old man needs a shave라는 문장이 있다고 하자. 이 문장은 '그 노인은 면도할 필요가 있다'라는 의미이지만 이를 번역할 땐 '그 노인은 면도를 해야 한다' 또는 상황에 따라서는 '그 노인의 수염은 길다'로도 번역할 수 있다. need를 '~할 필요가 있다' 또는 '필요하다'로만 번역할 필요는 없다는 말이다. 번역문은 번역가의 문체나 성향에 따라, 원문의 의미를 훼손하지 않는 범위에서 다양하게 만들 수 있다.

2강
번역은 의미의 전달이자 제2의 창작

다음 문장을 보자.

There are many people who don't eat breakfast every morning.

이 문장을 어떻게 번역할 수 있을까?
그대로 해석하자면 '매일 아침, 식사를 하지 않는 사람들이 매우 많다' 정도가 될 것이다.
그런데 꼭 이렇게 표현해야 할까? 다르게 쓰면 어떨까? '요즘엔 아침을 거르는 사람이 꽤 많다' 또는 '아침을 먹지 않는 사람이 부지기수다' 혹은 '아침을 안 먹는 사람들이 많긴 하지'로 말이다.
표현은 다양하지만 뜻은 결국 아침 식사를 하지 않는 사람이 많다는 것이다.
이런 사례는 정말 부지기수다. 아니 모든 번역이 이렇다고 보면 된다. 번역가가 원문을 어떻게 이해하고 어떤 어휘를 사용하느냐에 따라 표현은 달라질 수 있다. 그래서 나는 번역가는 제2의 저자, 제2의 창작자라는 말에 전적으로 동감한다. 번역에 어문학적 감성과 재능이 필요한 이유가 바로 이 때문이기도 하다. 이것은 비단 문학에만 적용되는 자질이 아니다. 개인 문서든 공공 문서든 용도에 맞는 표현을 찾는 일은 굉장히 중요하고 필요한 과정이다. 사실 이건 어려운 문제가 아니다.

국어 활용에 큰 어려움이 없는 사람이라면, 상황에 맞는 적절한 어휘가 무엇인지는, 같은 문화 속에서 직관적으로 (체득해) 알고 있기 때문이다. 어떤 사람은 배고프다는 말을 그냥 "배가 고프다"라고 하는 반면 또 어떤 사람은 "배에서 밥 달라고 아우성이다"라고 말한다. 또는 상황에 따라 "역시 내 '배꼽시계'는 정확해"라고 하는 경우도 있다. 유치하긴 하지만 재미있는 표현 아닌가? 이래서 번역이 힘들면서도 흥미로운 작업인 것 같다. 번역가가 어떤 표현을 쓰느냐에 따라서 같은 뜻이라도 그 결과물이 달라지니 말이다. 물론 전혀 어울리지 않는 표현을 억지로 만들어 쓸 필요는 없다. 보편적인 표현이 좋은 경우가 있고 기발한 표현이 좋은 때가 있으니까. 나는 그래서 번역가를 준작가라고 표현한다.

1

They sat on the Terrace and many of the fishermen made fun of the old man and he was not angry.

terrace 계단식 난, 테라스(여기서는 대문자로 시작한 것으로 보아 고유명사로 이해하고 번역하면 될 것이다. 물론 강조의 의미로 대문자를 쓰는 경우도 있다. 따라서 문맥을 잘 이해해야 한다.)
make fun of 놀리다(비웃다), 웃음거리로 만들다

번역 예

그들은 테라스에 앉았고 많은 어부가 노인을 비웃었지만 노인은 화가 나지(화를 내지) 않았다.

문장 설명

they는 노인과 소년이다. 테라스에 간 노인과 소년을 본 다른 어부들이 노인을 비웃었지만 노인은 화가 나지(화를 내지) 않았다는 문장이다. 여기서 was not angry는 문자대로만 해석하면 '화가 나지 않았다'로 볼 수 있지만 '화를 내지 않았다'로도 번역할 수 있다. 사실 국어는 '화가 나다'와 '화를 내다'의 의미가 좀 더 뚜렷하게 구별되기 때문에 이런 경우에는 문맥과 대상의 유무를 감안하여 적절하게 번역해야 한다.

원문은 '어부들이 비웃은' 것과 '노인이 화를 내지 않은' 것을 접속사 and로 연결했다. 우리는 흔히 and는 순접, but은 역접의 뜻으로 이해하고 있지만 실제 영어 문화권에서 이해하는 문장과 문장의 의미상 관계—절과 절의 연결—가 우리말의 그것과는 다른 경우가 있어서 and를 역접으로 but을 순접으로 번역해야 할 때도 있다. 여기서 두 번째 and가 그런 경우로, 이는 but으로 이해하고 번역하면 되겠다. 앞 번역문은 조금 다듬을 필요가 있어 보인다. 시간의 흐름이나 인과의 의미를 반영한 번역은 어떨까? 노인과 소년이 테라스에 들어와 앉자 그곳에 있던 많은 어부가 노인을 비웃었다. 하지만 노인은 화를 내지 않았다. 비교해보자.

실습

2

He was holding his glass and thinking of many years ago.

hold 들다, 잡다, 쥐다, 붙들다, (어떤 상태로) 두다, 유지하다
think of ~을(를) 생각하다

번역 예

그는 잔을 들고 오래전(수년 전) 일을 떠올렸다.

> 문장 설명

진행형 문장으로, 그가 자신의 술잔을 들고 과거를 생각하고 있었다는 의미다. 이 문장처럼, 우리가 쉽게 '생각하다'로만 옮기는 단어를 '떠올리다'로 번역하니 더 자연스럽다는 생각이 든다. many years ago는 '오래전' 또는 '수년 전'이라고 번역하면 되는데 여기서는 '오래전 일'로 번역해도 좋을 것 같다.

> 실습

___

3

"I would like to go. If I cannot fish with you, I would like to serve in some way."

would like to do ~하고 싶다, ~하기를 바라다
serve 섬기다, 식사 시중을 들다, 도움이 되다, 근무하다
in some way 어떻게 해서든, 어떤 점에서는

> 번역 예

"가고 싶어요. 고기잡이를 같이할 수 없다면 어떤 방법으로든 돕고 싶단 말이에요."

> 문장 설명

여기에서 go는 정어리와 미끼 고기를 가지러 가고 싶다는 말이다. 예문에서는 알 수 없지만 이 문장의 앞 내용이, 소년은 정어리와 미끼 고기를 구해서 노인에게 주고 싶어 하고 노인은 그 호의를 마다하는 상황이다. 여기에는 저 문장만 예

문으로 제기했기 때문에 '가고 싶어요'라고 썼지만 실제 번역문에는 맥락에 맞게 좀 더 자세하게 번역해도 좋다. 참고로 우리말에는 높임말이 뚜렷하게 존재하기 때문에 원문이 대화체이거나 인물과 관련한 내용일 때에는 그 관계와 대상을 고려해 번역해야 한다. 이 문장을 다음과 같이 번역하면 어떨까. "그래도 갖다드리고 싶어요. 고기도 할아버지랑 같이 잡으러 못 나가는데 이렇게라도 도와드려야죠."

실습

"If you were my boy I'd take you out and gamble," he said.

take out 데리고 (나)가다, 가져가다
gamble 도박하다, 투기를 하다, 투기, 모험, 도박

번역 예

"네가 내 아들이라면 데리고 나가서 모험을 한번 해볼 텐데."

문장 설명

가정법 문장이다. 여기서 boy는 아들이라는 뜻으로 쓰였다. 『노인과 바다』 번역서 다수에서 이 문장 외의 문장에서 boy를 소년으로 번역한 것을 볼 수 있는데 실제 boy를 소년으로 번역해야 하는지에 대해서는 생각해볼 여지가 있다. 이 점은 뒤에서 다시 설명하기로 한다. 아무튼 여기서는 아들이라는 뜻이다. 이를 좀 더 상황에 맞춰 생각해보면 다음과 같이 번역할 수도 있겠다. 네가 내 새끼라면

같이 나가서 모험을 해보는 것도 좋을 텐데. 조금 격이 떨어진다고 생각하는가. 개인적으로는 더 좋은 문장이라고 생각한다.

실습

"But are you strong enough now for a truly big fish?"

번역 예

"그런데 지금, 정말 커다란 물고기를 잡을 힘은 충분히 있으신 거예요?"

문장 설명

truly를 '정말' 또는 '정말로'로, now를 '지금'으로 번역하면 번역 예처럼 쓸 수 있다. 그런데 여기서 now는 굳이 번역하지 않아도 된다. 이미 현재형 문장 안에 그 의미가 들어 있기 때문이다. 오히려 여기서는 '지금도' 또는 '아직'이나 '여전히'라는 의미로 이해하는 게 더 적절해 보인다. 그리고 번역 예에서 '정말'이 실제 물고기를 수식하는 '정말 큰'의 의미로 썼다 해도 독자가 읽을 때 자칫 '힘이 정말 있는 건지, 그렇지 않은 건지'의 의미로도 읽히기 때문에 영문이 의미하는 '진짜로 큰'이라는 뜻이 전달될 수 있도록 문장을 고칠 필요가 있다. "그런데 아주 커다란 물고기도 잡을 수 있을 만큼 힘은 여전하신 거예요?" 이 정도면 어떨까.

실습

번역가는 문장의 맥락을 파악하고 단어의 어감을 잘 이해한 뒤 그것을 자연스럽게 표현할 만한 우리말을 찾아 문장을 만들어야 한다. 그러기 위해서는 우선 영단어의 뜻에 대한 고정된 시야를 넓혀야 한다. 한 단어를 주된 뜻 한두 가지로만 외우지 말고 그 단어에 담긴 어감과 각 용례를 확인해보라.

3강
올바른 번역이란

올바른 번역이란 무엇일까?

쉽게 생각하면, 누구나 대답할 수 있는 질문일 것이다. '외국어를 우리말로 정확하게 옮기는 것'. 이 정도면 간략한 설명이 되지 않을까? 하지만 실제 번역을 하다 보면 올바른 번역에 대한 생각이 조금은 더 넓어진다. 예컨대, 영화 제목이나 책 제목을 떠올려보라. 원문과 다르게 번역한 제목이 그 책이나 영화를 더 잘 표현했다고 생각한 경험, 누구나 한 번쯤은 있을 것이다. 하지만 꼭 그렇게 해야 한다거나 그것이 정답이라는 말은 결코 아니다. 원문 제목 'Frozen'이 '겨울왕국'으로 번역된 것을 누군가는 잘한 번역으로, 누군가는 과한 번역 또는 오역—의도적인 것이지만—으로 볼 수도 있다. 실상 하나의 관례처럼 도서나 영화는, 내용을 함축해서 보여주거나 독자 또는 관객의 시선을 끌기 위해 전혀 다르게 제목을 작명하는 경우가 비일비재하다. 물론 여기서 그 시시비비를 논할 생각은 없다. 다만 번역이 단순히 단어나 문장의 뜻을 옮겨놓는 것만은 아니라는 것을 생각해보는 하나의 예로 보면 좋겠다. 사실 번역은 원문을 그대로 옮기는 것이 기본이긴 하다. 그리고 그렇게 하는 것이 옳으며 그것이 전부라고 보는 견해도 분명히 존재한다. 여기서 원문을 그대로 옮긴다는 의미는 원어민이 쓰는 뜻으로 옮긴다는 말이지, 우리가 알고 있는 단어 그대로의 나열 또는 단어의 조합을 말하는 것은 아니다. 그랬을 때, 위의 말은 충분히 일리가 있으며 의미가 있다. 하지만 그렇다손 치더라도 서로 다른 문화의 간극을 좁히고 의미를 좀 더 효과적으로 전달하기 위해 문장을 조금은 다르게 다듬을 수 있다는 의견—이것을 의역이라 보면 된다—에도 동의하지 않을 수 없다. 앞의 예처럼 말이다. 물론 이는 원문의 성격에 따라 즉 원문이 전문 서적인지, 논문인지, 문학인지, 매뉴얼인지에 따라 그 허용 범위가 다를 수 있다. 정리하자면, 올바른 번역은 원문이 표현하는 내용을 잘 파악해서 번역가 본인이 생각하는 최적의 단어와 문장을 적용하여 전체를 매끄럽게 완성하는 것이다. 그래서 번역이 단순한 작업은 아닌 것 같다. 앞서 언급했듯, 번역가의 어문학적 재능과 감각을 무시할 수 없는 이유가 바로 이 때문이다.

올바른 번역을 위한 노력

그럼 올바른 번역을 하기 위해서는 어떤 노력이 필요할까? 방법이야 다양하겠지만, 기본적인 영어 공부, 그리고 실제 남이 해놓은 번역을 원문과 비교하면서 문장을 다듬는 작업(교정)이 큰 도움이 된다. 교정 작업을 하다 보면 번역 실력이 느는 것을 뚜렷하게 느낄 수 있을 것이다. 방법은 간단하다. 먼저 원문과 번역문을 준비한다. 번역문은 일정 수준 이상으로 번역된 것이 더 좋다. 준비가 되면 먼저 번역문만을 읽어보고 어색한 단어나 매끄럽지 않은 문장 등 번역문 자체에 문제는 없는지 확인한 다음 원문과 비교, 대조한다. 원문에서 모르는 단어나 문법, 표현이 나오면 영어사전을 찾아보고 번역문에서 매끄럽지 않은 문장을 발견하면 우리말 단어와 문법 관련 사전을 찾아가며 문장을 다듬어 자신의 번역문을 만든다. 그런 다음 처음 번역문과 자신의 번역(교정)문을 비교한다. 이런 작업을 꾸준히 하다 보면 영어 실력도 쌓을 수 있고, 어색한 문장을 고치면서 글쓰기 실력 또한 기를 수 있다. 그리고 이는 곧바로 번역 실력으로 귀결된다. 영어의 기본 문법을 바탕으로, 번역 교정 작업을 통해 심층 문법과 어휘를 배우고, 번역문을 매끄럽게 다듬는 과정을 반복한다면 어느새 훌쩍 높아진 자신의 번역 실력을 확인하는 때가 올 것이다.

1

They picked up the gear from the boat.

gear 기어, 장비, 삭구, 의류, 적응시키다
pick up 회복하다, 좋아지다, 물건을 치우다, 짐을 챙기다, ~을(를) 집어 올리다, 주워 모으다, 되찾다, 발견하다, 차에 태우다

번역 예

그들은 배에서 장비를 집어 들었다.

문장 설명

pick up을 우리가 흔히 생각하는 '집어 들다'라는 의미로 번역하면 문장이 좀 어색할 수 있다. 여기서는 from의 어감—분리—을 이해하고 pick up을 '치우다(챙기다)'의 의미로 번역하는 것이 더 자연스럽다. 물론 이 또한 pick up이라는 동사구의 다양한 뜻 중 하나이다. 그러면 다음과 같이 번역문을 만들 수 있을 것이다. 그들은 배에서 장비를 내렸다.

실습

No one would steal from the old man but it was better to take the sail and the heavy lines home as the dew was bad for them and, though he was quite sure no local people would steal from him, the old man thought that a gaff and a harpoon were needless temptations to leave in a boat.

dew 이슬
be sure 확신하다
quite 완전히, 아주, 전적으로, 꽤, 상당히
needless 불필요한, 쓸데없는
temptation 유혹
leave 떠나다, 그만두다, 그대로 두다, 남기다

> 번역 예

노인의 물건을 훔쳐 갈 사람은 아무도 없었다. 그러나 돛과 낚싯줄에 이슬이 맞는 건 좋지 않기 때문에 장비들을 집으로 옮겨놓을 필요는 있었다. 게다가 노인은 동네 사람 그 누구도 자신의 장비를 훔쳐갈 리는 없을 거라 확신했지만 갈고리나 작살을 배에 남겨두면 괜한 유혹거리가 될 거라고도 생각했다.

> 문장 설명

긴 문장이다. 이런 경우 먼저, 문장이 어떻게 구성되었는지 확인하는 게 좋다. 이 문장은 ① No one ~ old man, ② it was ~ heavy lines home, ③ the dew ~ them, ④ he was quite ~ from him, ⑤ the old man ~ in a boat 이렇게 단문, 복문이 섞인 다섯 개의 문장으로 구성되었다. 이 문장들을 하나하나 번역한 뒤 이들을 이어주는 접속사를 적절하게 붙여주면 하나의 문장으로도 번역이 가능하지만 문장이 너무 길면 가독성이 떨어지기 때문에 번역 예처럼 세 개 또는 두 개의 문장으로 나누는 것이 좋다. 하지만 저자의 문체를 전혀 고려하지 않고 문장을 만드는 건 피하는 게 좋으므로 꼭 필요한 경우에만 문장을 나누어 번역문을 만들어야 한다. 반대로, 단문이 나열된 경우 필요에 따라 중문으로 번역할 수도 있다.

번역 예에서는 would steal from him을 '자신의 장비를 훔쳐 갈'로 번역했다. 줄(lines)은 'heavy(굵은)'라는 단어가 수식하지만 이를 드러내지 않았고 'better(더 나은)' 역시 원래의 뜻으로 번역하지는 않았다. 그러나 원문의 의미를 이해하면 번역 예처럼 번역해도 괜찮을 것이라고 생각한다. 물론 이 문장에서 'heavy'의 의미가 중요하다면 당연히 살려 번역해야 한다. 예컨대 굵은 줄만 비를 맞히지 않는 게 나아서 그렇게 한 것이라면 말이다. 또한 단어의 뜻 그대로 적용해서 더 매끄러운 문장을 만들 수 있다면 그렇게 하는 게 기본이다. 어떻게 번역하든 번역가는 원문에 대한 자신의 이해와 단어 및 어휘 선택에 책임을 지면 된다. them은 '돛과 낚싯줄', local people은 '동네 사람', to leave는 to 부정사의 형용사적 용법으로서 '남겨진'으로 이해하면 되겠다.

실습

3

They walked up the road together to the old man's shack and went in through its open door.

shack 오두막집, 판잣집

번역 예

그들은 함께 길을 따라 노인의 오두막집으로 올라가서 열려 있는 문 안으로 들어갔다.

> 문장 설명

They가 walk(walked) up해서 go(went) in했다는 문장이다. 번역 예는 단어의 의미를 전부 넣어서 만들었다. 어떤가. 괜찮다면 번역 예처럼 번역하면 된다. walk up은 그냥 '걸어가다'로도 번역할 수 있지만 『노인과 바다』에 나오는 내용을 보면 '오르다'가 더 적절해 보인다. 그렇다면 이런 문장은 어떨까. 오르막길을 따라 걷던 그들은 노인의 오두막집에 도착해 열려 있는 문 안으로 들어갔다. 또는 오르막길을 따라 걷던 그들은 노인의 오두막집으로 들어갔다. 문은 열려 있었다. open door를 이런 방식으로 살리는 것도 문제가 없어 보인다. 다만 이 글이 소설인 만큼 그 형식이나 문체를 감안해서 문장을 만들면 된다.

> 실습

4

The shack was made of the tough budshields of the royal palm which are called guano and in it there was a bed, a table, one chair, and a place on the dirt floor to cook with charcoal.

be made of ~로 구성되다, ~로 만들다
budshield 사전에 등재된 단어는 아니고 싹막(껍질)의 뜻으로 이해할 수 있는 합성어이나 여기서는 잎사귀를 뜻함
royal palm 대왕야자나무
place 장소, 공간, 입장, 지위, 두다, 배치하다, 놓다
dirt 진흙, 쓰레기, 토양
charcoal 숯, 목탄

`번역 예`

　노인의 오두막집은 구아노라는 대왕야자나무의 질긴 잎사귀로 만들어져 있었고, 안에는 침대와 탁자, 그리고 의자가, 한쪽에는 흙바닥 위에 숯불로 요리할 수 있는 공간이 있었다.

`문장 설명`

　둘째 줄 and 앞은 오두막집의 외부를, 그 뒤는 내부를 설명하는 문장이다. 침대와 탁자 등 물품을 나열한 것으로 보았을 때 and 뒤에는 문법상 수 일치에 근거해 there were가 맞는다고 생각할 수 있으나 구어에서는 보통 단수—there is/was—로 표현하는 경우가 많고, 특히 이와 같이 명사를 열거할 경우 첫 명사가 단수일 때에는 there 구문의 be 동사도 단수를 쓰는 경향이 강하다고 한다. 관계대명사절의 수식—which are called guano—과 to 부정사의 수식—to cook with charcoal—을 어떻게 하면 더 자연스럽게 표현할 수 있을지 고민해본다면 예문보다 더 나은 번역문이 나올 수도 있을 것이다. 요리 공간을 또 하나의 문장으로 만들어 두 문장으로 나누어 번역문을 완성하는 것도 괜찮다.

　budshield는 사전에 나오지 않는 단어이다. 번역을 하다 보면 이따금 사전에 나오지 않는 단어가 있는데 대체로 합성어인 경우가 많다. 이는 우리말도 마찬가지다. 이럴 땐 각 단어의 뜻—bud 싹+shield 방패, 보호막—을 합성하여 적절한 단어로 만들어야 한다. 인터넷이나 다른 자료를 활용하는 방법도 있다. budshield는 인터넷을 활용하는 것이 좋겠다. budshield를 그냥 싹막 또는 싹껍질로 번역하면 의미상 자연스럽지 않기 때문이다. 물론 이렇게 만드는 것이 어려운 일이긴 하지만 아예 불가능하다고 볼 수는 없기 때문에—예를 들어 싹막(껍질)을 모은 뒤 빻아서 이런 식의 건축 재료로 사용한다든가 하는—실제 건축 방식을 확인하지 않는 한 싹막(껍질)으로 번역해도 틀리다고 할 수는 없을지 모른다. 하지만 일반적으로, 정말 특별한 내용이 아니고서는 상식적인 시각으로 문장을 보고 의문스런 부분은 확인해보는 것이 좋다. 다행히(?) 여기서는 이 다음에 이어지는 원문에 budshield가 잎사귀를 말하는 것임을 유추할 수 있는 문장—On the brown walls of the flattened, overlapping **leaves** of the sturdy fibered guano—이 있기 때문에 의문을 품을 여지가 더 있다고 할 수 있다. 『노인과 바다』에는 이 외에도 영어권의 사람들조차 쉽게 이해하지 못하는 단어—오타로도 여겨지는—가 몇 개 있어서 그런지 인터넷을 찾아보면 그런 궁금증을 다루는 사이트들을 발견할 수 있다. 참고로 이런 내용을 다룬 인터넷 사이트를 소개한다.

www.bookdrum.com/books/the-old-man-and-the-sea/9780099908401/bookmarks.html

실습

5

On the brown walls of the flattened, overlapping leaves of the sturdy fibered guano there was a picture in color of the Sacred Heart of Jesus and another of the Virgin of Cobre.

flattened 때려서 눕혀진, 납작해진
overlap 겹치다, 포개다, 겹침, 중복
sturdy 억센, 강건한, 튼튼한
fibered 섬유질의
in color 색깔을 넣은, ~한 색으로
Sacred Heart of Jesus 예수 그리스도의 성심상
Virgin of Cobre 코브레 성당의 성모상

> **번역 예**

억센 섬유질인 구아노 잎사귀를 때려서 납작하게 한 뒤 겹겹이 붙여 만든 갈색 벽에는 예수 그리스도의 성심상과 코브레 성당의 성모상 그림이 걸려 있었다.

> **문장 설명**

번역을 할 때에는 문장 속 각 단어가 어떤 품사로 쓰이는지 바르게 알고 그 품사대로 단어의 뜻을 잘 이해해야 한다. 물론 모든 단어가 품사대로만 번역되는 것은 아니고, 또 꼭 그렇게 해야 하는 것도 아니다. 뒤에 학습하겠지만, 명사(주어)를 서술어로, 형용사·부사 역시 서술어로 번역해야 문장이 더 매끄러운 경우가 많다.

flattened와 overlapping은 형용사로 쓰였다. 하지만 번역문에서는 동사(서술어) 형태로 풀어주는 게 더 자연스러워 보인다. On ~ guano는 부사구로서 there was ~ Cobre 뒤에 올 수도 있지만 앞에 나옴으로써 위치가 강조되었다고 보면 되겠다. in color는 굳이 드러내어 번역하지 않아도 될 것으로 보인다. 물론 '예수 그리스도의 성심상과 코브레 성당의 성모상 그림이, 억센 섬유질인 구아노 잎사귀를 때려서 납작하게 한 뒤 겹겹이 붙여 만든 갈색 벽에 걸려 있었다'라고 번역할 수도 있다. 또는 '벽에는 예수 그리스도의 성심상과 코브레 성당의 성모상 그림이 걸려 있었다. 벽은 억센 섬유질인 구아노 잎사귀를 때려서 납작하게 한 뒤 겹겹이 붙여 만든 것이었다'로 번역하는 건 어떨까. 어느 문장이 자연스러운지 비교해 보라. 물론 또 다른 문장으로 번역문을 만들 수도 있을 것이다. Sacred Heart of Jesus나 Virgin of Cobre는 영어사전에서는 찾을 수 없는 고유명사다. 백과사전이나 인터넷을 활용해야 한다.

> **실습**

4강

번역에 필요한 기술
─ 구문 및 영단어 이해, 인터넷 검색

'영어 단어에는 왜 이렇게 뜻이 많을까?' 영어를 공부해본 사람이라면 이런 생각을 한 번쯤은 했을 것이다. 물론 영어와 국어에 어느 정도 차이가 있기 때문이기도 하지만 사실 우리말(단어)도 이런 경우는 적지 않다. 일례로 국립국어원 표준국어대사전에서 '배'라는 단어를 찾으면 다양한 의미의 '배'를 확인할 수 있다. 하지만 우리는 '배'라는 단어를 그리 어렵게 생각하지 않으며 문맥에 따라 적절한 의미로 자연스럽게 이해한다. 더욱이 이런 사례는 비단 동음이의어에만 적용되는 경우가 아니다. 오히려 동음이의어가 아닌, 하나의 영단어가 원어의 의미상 우리말로는 더 다양하게 번역되는─사전에 뜻으로 표기되는─경우가 훨씬 더 많다. 하지만 이 또한 영어만의 특성이 아니다. 우리말 역시 그렇다. 우리말 '먹다'를 예로 들어보자. 먹다는 '귀가 (1)먹다'로 쓰여 '제 기능을 하지 못하게 되다'는 뜻으로도 쓰이지만 '밥을 (2)먹다' '나이를 (3)먹다' '욕을 (4)먹다' 등 '무언가를 취하다(받아들이다)'라는 의미로 쓰여 실제 '(2)(음식을) 입에 넣다', '(3)(나이를) 더하다', '(4)(핀잔을) 듣다'라는 뜻을 나타내기도 한다. 이때 (1)의 '먹다'와 (2~4)의 '먹다'는 동음이의어이지만 (2~4)의 '먹다'는 동음이의어가 아니라 한 단어에 내재된 어의(語義)가 다양한 용례로 사용되는 것이다. 그래도 우리는 이 단어를 자연스럽게 이해하고 적재적소에 사용할 줄 안다. 하지만 영어를 모국어처럼 할 줄 아는 사람이 아니고서는 대부분 영단어를 국어 단어처럼 이해하고 활용하지는 못할 것이다.

그러다 보니 우리말, 우리 단어는 그렇게 생각하지 않고(못하고) 영어는 '왜?'라는 생각을 하는 것일지도 모른다. 하지만 앞서 말했듯 문화와 언어 특성에 따른 차이가 있을 뿐 우리말도 마찬가지다. 따라서 영어를 번역할 때에는 영어 단어를 우리말처럼 받아들이고 이해하려고 노력해야 한다. 그러나 그것이 말처럼 쉬운 것은 아니기 때문에 번역을 할 때에는 사전 등 다른 도구의 도움을 받는 것이 일반적이다.

A라는 의미로 알고 있던 단어가 어떤 문장에서 B라는 의미로 쓰일 경우, A로만 번역을 하려다 보면 오역이 발생하는 건 당연하다. 그래서 번역 작업을 할 때에는 필요한 정보나 자료를 쉽게 찾을 수 있도록 미리 준비해두는 것이 좋다. 요즘에는 거의 컴퓨터로 작업하기 때문에 컴퓨터와 인터넷을 이용하는 방법을 예로 들어본다. 예컨대, 인터넷 사전을 열어놓는다거나 그 외 도움이 될 만한 인터넷 창을 가능한 한 모두 띄워놓는 것이다. 번역가들마다 작업 방식과 자료 찾는 방식, 선호하는 인터넷 사이트가 다를 수 있다.

나의 방법을 예로 들자면, 인터넷만을 활용한다고 가정할 때, 기본적으로 다음(Daum) 영어사전, 네이버(Naver) 영어사전, 국립국어원 표준국어대사전을 미리 열어둔다. 그리고 번역 원문이 무엇이냐에 따라 필요한 경우, 다음 백과사전, 네이버 백과사전, 우리말 배움터, 주요. 포털사이트 등도 열어두고 작업한다 영어사전과 백과사전을 두 개씩 소개한 이유는, 두 포털사이트에서 제공하는 사전의 특징이 달라서 한 곳에서 얻을 수 없는 정보를 다른 곳에서 얻는 경우가 종종 있기 때문이다. 개인적 경험에 비추어봤을 때, 단어의 다양한 뜻을 찾는 데는 다음 영어사전이, 구문이나 문장으로 실제 번역 사례를 찾는 데는 네이버 영어사전이 더 유용하다. 또한 국립국어원 표준국어대사전과 우리말 배움터를 통해서는 국어 단어의 뜻과 용례, 띄어쓰기와 외래어 표기법 등을 찾아볼 수 있다. 다음, 네이버, 구글 등 포털사이트를 열어놓는 이유는 사전 등의 도움을 받지 못하는 경우에 유용하기 때문이다. 요즘은 수많은 정보가 인터넷에서 공유되므로 웬만한 내용은 검색이 가능하다. 하지만 이때, 정확하지 않은 정보를 분별할 줄 알아야만 한다. 전문가의 블로그나 카페 등에서 필요한 정보를 찾았다 할지라도 유일한 정보가 아닌 이상 몇 개의 자료는 더 찾아보는 노력이 필요하다. 그래야 오역을 최소화할 수 있다.

1

"May I take the cast net?"

cast net 투망

> **번역 예**

"제가 투망을 가져가도 될까요?"

> **문장 설명**

take는 상당히 많은 의미를 담고 있는 단어이다. 여기서는 '가지고 가다'라는 뜻으로 이해하면 된다. take와 함께 get, make, have 등 다양한 상황에서 다양한 용법으로 사용되는 주요 동사들은 우리가 잘 안다고 생각하는 단어이지만 실상 번역하다 보면 사전에서 자주 찾게 되는 단골 메뉴(단어)들이다. 이 문장은 소년이 미끼 고기를 잡아 오려고 노인에게 집에 있는 투망을 가져가도 되느냐고 묻는 말이다. 사실 노인의 집에 투망은 없었다. 이런 식의 농담 섞인 대화는 나이 차이에도 불구하고 노인과 소년이 얼마나 서로를 이해하고 또 얼마나 친밀한 관계인지를 보여준다. 이런 점을 이해하고 번역한다면 더욱 자연스러운 번역문을 만들 수 있다. 물론 원문을 크게 벗어날 수는 없지만 그래도 전체적인 문맥을 감안하여 좀 더 적절한 표현을 쓸 수 있다면 번역의 질이 더 높아질 것이다. 다음 예문들은 이런 내용을 보여주는 문장이다.

> **실습**

2

There was no cast net and the boy remembered when they had sold it.

번역 예

투망은 없었고 소년은 자신과 노인이 투망을 언제 팔았는지 기억했다.

문장 설명

노인과 소년은 예전에 투망을 팔아버렸다. 정확한 이유는 알 수 없지만 노인의 어려운 생활 형편 때문이었을 것으로 짐작한다. when 절에 과거완료 시제가 나오는데 이를 너무 의식하여 번역문을 만들 필요는 없다. 또 여기서는 remember를 꼭 '기억하다'로만 번역할 필요도 없다. 맥락으로 보아 투망은 없었다. 예전에 노인과 함께 투망을 팔았다는 사실을 소년은 잊지 않았다(알고 있었다)로 번역해도 문제는 없을 것이다. 어떤 단어는 그 단어의 반의어를 써서 부정문으로 번역하는 게 더 좋을 때가 있다. '기억하다'를 '잊지 않다'로 바꾼다고 해서 의미가 달라지는 건 아니지 않는가. 물론 경우에 따라 다를 수는 있다

실습

3

But they went through this fiction every day.

go through 경험하다, 겪다, 통과하다, 이루어지다, 빠져나가다

fiction 소설, 꾸며낸 일, 허구, 가설

> 번역 예

하지만 그들은 매일 이런 식의 실없는 농담을 해댔다.

> 문장 설명

go through와 같은 구는 그 자체가 사전에 나오기 때문에 구 전체로 찾으면 된다. fiction은 앞에 제시한 뜻으로 사전에 풀이되어 있지만 그 어휘로 번역문을 만들기가 좀 애매해 보인다. 이럴 때는 단어의 원의를 이해하고 상황에 맞는 우리말을 찾아 쓰면 된다. 번역 예 정도라면 괜찮은 것 같다.

> 실습

Tip 5

단어의 뜻을 다 알아도 이해가 잘 안 되는 문장이 있을 수 있다. 이럴 때 go through처럼 타동사구, 전치사구, 합성어를 이루는 단어를 묶어 찾으면 쉽게 해결되기도 한다. 즉 문장을 푸는 데 각 단어의 뜻에 매달려 이를 조합하려고만 해서는 안 된다. 물론 단어의 용례를 꼼꼼히 살피다 보면 그 단어가 활용되는 거의 모든 뜻을 알 수는 있을 것이다. 하지만 단어 두 개 또는 그 이상의 단어를 묶어 찾으면 전체 문장의 내용을 더 쉽게 이해할 수 있는 경우도 많다.

Tip 6

단어의 뜻을 찾을 때, 그 단어가 문장에서 어떤 품사로 쓰였는지 확인하고 그에 맞는 뜻을 찾는 것이 좀 더 정확하고 효과적이다. 예컨대 thrill은 명사, 타동사, 자동사로 쓰이는데 명사 thrill에는 '전율' '떨림' 등의 뜻이, 타동사 thrill에는 '오싹하게 하다' '가슴 설레게 하다' '진동시키다' 등의 뜻이, 자동사 thrill에는 '꿰뚫다' '퍼지다' '오싹하다' '떨리다' 등의 뜻이 있다. 이처럼 품사가 달라도 의미는 대체로 유사하나 그 미묘한 차이로 인해 번역문을 만드는 데 어려움을 겪을 수 있기 때문에 어떤 품사로 쓰였는지 확인하고 사전을 찾는 것이 시간을 단축하고 정확성을 높이는 데 도움이 된다. 타동사와 자동사는 일반적으로 동사 다음에 목적어가 바로 오는지, 아니면 전치사와 함께 오는지로 구별하는데 자동사와 전치사를 묶어 타동사의 의미(~을 ~

하다)로 번역해야 하는 경우도 있다.

The boy did not know whether yesterday's paper was a fiction too.

> 번역 예

- 소년은 어제 자(字) 신문(이 있다는 말)도 진짜인지 가짜인지 알지 못했다.
- 소년은 어제 자(字) 신문(이 있다는 말)은 진짜인지 가짜인지 알지 못했다.
- 소년은 어제 자(字) 신문(이 있다는 말)도 가짜인지는 알지 못했다.

> 문장 설명

이 예문에 앞서 원서에는 소년이 미끼 고기를 가져오는 동안 노인은 어제 자(字) 신문을 보고 있겠다고 말하는 장면이 나온다. 이들이 매일 '실없는 농담'을 주고받는 장면 뒤에 이어진 문장이다. 이 문장은 whether와 too의 번역에 조심해야 한다. whether는 '~인지 아닌지', too는 '역시' '~도 또한'으로 번역할 수 있다 보니 첫 번째 예처럼 번역할 여지가 있기 때문이다. 이렇게 번역하면 앞서 나온 '실없는 농담'들 역시 진위가 불분명한 것처럼 읽힐 수 있다. 따라서 여기서는 두 번째 또는 세 번째 예처럼 번역하는 게 더 정확한 해석이라 할 수 있다. 번역 교육을 진행하다 보면 수강생들에게서, 원문을 보면 무슨 의미인지 알겠는데 우리글로는 그 의미를 제대로 전달하기가 어렵다는 말을 종종 듣는다. 조금만 더 신중하게 생각하고 문장을 만들려고 노력한다면 더 좋은 번역문을 만들 수 있을 것이다.

> 실습

When the boy came back the old man was asleep in the chair and the sun was down.

asleep 잠들어, 멈추어, (손, 발 등이) 저려

번역 예

소년이 돌아왔을 때 노인은 의자에 앉은 채 잠들어 있었고 해는 진 뒤였다.

문장 설명

When이 접속사로 쓰여 두 문장을 이어주고, and로 또 다른 문장이 연결되어 있다. the sun was dawn은 '해가 졌다'는 뜻으로 문장에서 자연스럽게 표현하면 된다. 번역문을 만드는 데는 큰 어려움이 없어 보인다. 다만, 앞의 When이 시점(~할 때)을 나타내고 있고 and 뒤의 문장 역시 시간을 유추할 수 있는 내용이어서 이 두 부분을 연결하는 것도 괜찮겠다는 생각이 든다. 해가 진 뒤 소년이 돌아왔을 때 노인은 의자에 앉은 채로 잠들어 있었다. 어떤가.

실습

_____
_____
_____

5강
번역가의 어려움

　번역을 하다 보면 오역이 발생하는 사례가 적지 않다. 번역하는 사람의 실력이 부족해서일 수도 있지만, 그 점을 차치하고도 전혀 이해하지 못할 일은 아니다. 생각해보라. 우리도 우리나라 사람의 말과 글을 잘못 알아듣고 잘못 읽는 경우가 더러 있지 않은가. 우리말, 우리글도 그러한데 하물며 외국어는 더하면 더했지 덜하지는 않을 것이다. 단순히 영어를 잘하고 못하고의 문제가 아니다. 실상 영어 회화를 잘한다고 해서 번역을 잘하는 것도 아니다. 우리나라 사람이 말을 잘한다고 해서 글도 잘 쓰는 것은 아닌 것과 비슷하다. 외국에서 생활했거나 외국인과 자유롭게 소통하는 사람도 번역에는 어려움을 호소하는 경우가 있다. 당연히 오역도 있다.

　번역은 글이다. 글에는 맥락이 있다. 물론 대화에도 맥락이 있다. 그런데 대화는 우리 인체의 다양한 감각적 요소를 동반한다. 즉, 대화를 하며 주변뿐 아니라 상대방 눈빛과 표정을 볼 수 있고 청각과 후각, 촉각이 동시에 작용하기 때문에 전체적인 맥락 파악이 쉬운 편이다. 그러나 글은 다르다. 일반적으로 글은 그 의미가 오롯이 시각에 의해서만 뇌로 전달된다. 따라서 글로만 전달되는 맥락을 잘 이해하지 못하고 문장 하나하나에만 초점을 맞춰 번역하면 오역이 나올 확률은 높아질 수밖에 없다. 글은 일부러 틀리게 또는 어렵게 쓰지 않는 이상, 상식적인 범위에서 그 글의 목적을 위해 내용이 기승전결로 흘러가게 마련이다. 그래서 번역을 제대로 하려면 원문을 피상적으로 보지 말고 내용 파악(맥락 이해)에 힘을 기울여야 한다. 그래야 문맥에 맞는 우리말을 적용해 적절한 번역을 할 수 있다. 원어민이라면 글을 읽으면서 각 단어와 문장의 의미를 자연스럽게 이해하겠지만 영어가 모국어가 아닌 초보 번역가나 영어 공부를 하는 사람 입장에서는 그것이 결코 만만한 일은 아니다. 그래서 번역가는 문맥과 행간의 의미를 잘 이해하고 한 단어에서 파생될 수 있는 다양한 의미와 용례를 많이 알아야 한다.—하지만 앞서 언급했듯이, 번역이 이런 것을 꼭 머리에 담아두어야만 할 수 있는 일은 결코 아니다—그리고 원문의 성격을 파악하고 그에 맞게 번역해야 한다.

아울러 다른 문화에 대한 소양이 있어야 한다는 점 역시 번역가에게는 꽤 어려운 일이다. 실제 해당 언어(영어)권에서 생활하는 사람도 그 문화를 속속들이 알기는 어려운데 그런 경험이 전혀 없는 사람이야 말해 무엇하겠는가. 그래서 무슨 번역이든 하다 보면 모르는 게 많고 일일이 찾아봐야 할 것투성이다. 그렇다고 너무 힘들어하거나 귀찮아할 필요는 없다. 하다 보면 정보와 지식이 쌓이고, 그렇게 쌓인 자료들이 나중에는 유용하게 쓰일 테니 말이다. 잘 알겠지만 이때 활용할 수 있는 것이 인터넷이다. 실제 어떤 번역가가 번역은 서치(search, 검색)라고 말하는 걸 들은 적이 있다. 충분히 공감할 만한 표현이다.

시간 안배도 처음 일을 시작하는 번역가에게는 어려운 일이다. 자기 실력을 정확히 알지 못하는 상황에서, 경험은 적은데 어떤 번역이든 해보고 싶은 경우, 자칫 잘못하면 감당하지 못할 번역을 맡아 고생할 수도 있다. 프리랜서가 일감으로 의뢰받는 번역은 건마다, 일정한 분량을, 일정 시기까지 가능한 한 최상의 품질로 납품해야 하는 일이기 때문에 일을 맡을 때는 늘 신중하게 확인하고 자신이 할 수 있는 만큼의 일만을 해야 한다. 먼저 자신의 실력을 파악하고 꾸준히 공부하라. 그렇게 시간이 흐르면 좀 더 자신에게 맞는 적절한 방식으로 일할 수 있게 될 것이다.

번역가의 수위 조절

앞서 나는 번역이 제2의 창작이며 번역가는 준작가라고 생각한다고 말했다.

여기에서 바로, 그렇다면 번역가는 어느 수준으로 문장을 표현해야 하는가라는 질문이 제기될 수 있다. 쉽게 말해 의역—직역과 의역에 관해서는 번역가마다 이견이 있을 수 있다—의 수준을 생각해봐야 한다는 말이다. 이는 그리 어려운 문제가 아니다. 상식적인 사람이라면 용인할 수 있는 의역의 범위가 어느 정도인지는 쉽게 알 수 있기 때문이다. 물론 미묘한 차이로 의역이 될 수도 있고 오역이 될 수도 있다. 그래서 그 미묘한 차이를 가늠할 줄 아는 능력이 필요하다. 또한 번역가는 누군가 써놓은 글을 옮긴다는 표현적 한계가 존재하는 일을 한다. 따라서 아무리 솜씨 좋게 글을 쓰고 싶어도 넘지 말아야 할 선이 있다. 생각건대, 훌륭한 번역이란 기발한 단어나 문장을 활용한 번역도, 원문을 곧이곧대로 옮긴 번역도 아니다. 원저자의 의도가 독자에게 가장 효과적으로 전달되도록 독자 입장에서, 독자가 쉽게 이해할 수 있게 하는 번역이다. 이때 원저자의 의도라는 측면도 매우 중요하다. 특히 저자의 문체가 간결체 혹은 만연체라는 특성이 뚜렷할 때, 이를 전혀 고려하지 않고 번역가 자신만의 문체로 표현해서는 안 된다. 저자는 자신의 생각을 내용뿐 아니라 문체로도 나타내기 때문이다. 이 지점에서는 실제 번역가들마다 의견이 다를 테지만 어느 하나만을 정답이라고 말하기보다는, 틀에 박힌 얘기일지 몰라도, 과유불급이라는 말처럼 과한 의역도 과한 직역도 피하는 것이 번역의 기술이라고 말하는 게 적절할 것 같다.

The newspaper lay across his knees and the weight of his arm held it there in the evening breeze.

across ~을(를) 건너서, 가로질러서, 걸쳐서
breeze 산들바람, 미풍, 산들바람이 불다
lie 눕다, 놓여 있다, ~인 채로 있다

weight 무게, 중량, 압박, 부담

번역 예

신문은 노인의 무릎 위에 놓인 채 노인의 팔에 눌려 저녁 미풍에 날아가지 않고 그대로 있었다.

문장 설명

원문의 lay는 lie의 과거형이다. across는 '걸쳐서'의 의미이지만 굳이 드러내어 번역하지 않아도 된다. weight of his arm 역시 문자 그대로 옮기면 '팔의 무게'가 되겠지만 그냥 '팔' 정도로 번역해도 괜찮을 것이다. 신문이 노인의 무릎 위에 놓여 있었고 노인의 팔 무게가 신문을 누르고 있어서 저녁 바람에도 날아가지 않고 그대로 있었다는 내용이다. 번역 예의 문장 정도면 무난해 보이지만 다음과 같은 번역문도 가능할 것 같다. 노인의 무릎에 놓여 있는 신문은 노인의 팔에 눌려 저녁 미풍에 날아가지 않고 그대로 있었다.

실습

"Come on and eat. You can't fish and not eat."

번역 예

"이리 와서 드세요. 안 드시면 고기도 못 잡아요."

문장 설명

사실 이 원문만 보고 번역 예와 같이 옮길 사람이 과연 몇이나 될까? 앞선 문장들, 즉 『노인과 바다』를 읽으면 이 번역문이 자연스럽다는 것을 알 수 있다. 노인이 형편(?) 때문에 끼니를 잘 챙기지 못하는 상황에서 소년이 노인에게 먹을 것을 가져다주고는 함께 먹자고 권하는 상황이기 때문이다. 하지만 저 영어 문장만 보면 두 번째 문장은 번역하기가 좀 어렵다. 우리는 and를 '그리고' 또는 '그래서' '~과' 정도로 이해하는데 그에 따르면 이 문장을 '물고기를 잡을 수도, 먹을 수도 없다'로 번역하게 된다. 그럼 문장을 이어보자. '이리 와서 드세요. 물고기를 잡을 수도, 먹을 수도 없어요.' 어떤가? 자연스러운가? 앞에 안 먹으면(드시면)이 생략되었을까? 소설이고, 대화체이니까 그럴 수도 있다고 생각할지 모르지만 이 문장에서 그런 결론을 끌어내기엔 근거가 빈약하다. 사실 이 문장을 풀려면 우리가 알고 있는 단어의 틀에서 벗어나야 한다. 사전을 보자. 사전에는 거의 모든 해답이 담겨 있다. 다음(daum) 영어사전에서 and를 찾아보면 and에—고어 또는 방언—if의 의미도 있다는 사실을 알 수 있다. 문맥으로는 내용을 알 것 같은데 해당 문장만 봐서는 번역하기가 쉽지 않을 때, 단어 사전을 자세히 찾아보라. 번역문에서 올바른 문법적 근거를 확보하는 건 아주 중요한 일이다.

실습

3

I must get him another shirt and a jacket for the winter and some sort of shoes and another blanket.

blanket 담요, 모포, 덮개, ~을(를) 담요로 덮다(싸다)

번역 예

'할아버지에게 겨울에 입으실 셔츠와 재킷, 그리고 신발과 모포도 가져다드려야겠다.'

문장 설명

get+목적어(A B or B for A)로 'A를 위해(A에게) B를 사서 주다(가져다주다)'를 기본 골격으로 하는 문장이다.

사람들은 아마도 must 하면 '~해야 하다'(의무)를 가장 먼저, 또는 이 뜻만 떠올릴 것이다. 하지만 must는 '~하지 않으면 안 되다' '~할 필요가 있다' '(틀림없이) ~일 것이다' '~임에 틀림없다' '~하고야 말다' '반드시 ~ 하다' 등 비슷한 어감의 다양한 뜻으로 해석할 수 있다. 이 원문에서는 '의무'보다 '의지'의 표현으로 보는 것이 더 낫겠다. for는 용도의 의미로, for the winter는 '겨울용(겨울에 입을)' 정도로 번역하면 된다. some sort of shoes는 자칫 some과 shoes를 복수로 이해하고 번역할 수도 있는데 shoes 자체가 복수로 쓰이는 단어이기 때문에 여기서는 '(그저 그런) 보통의 신발' 또는 '일종의 신발' 정도로 이해하면 된다. 아울러 another에는 '또 다른 하나'의 의미가 있지만 여기서는 굳이 드러내 번역하지 않아도 된다. 물론 개수를 더 정확히 표현하고 싶다면 드러내 번역해도 무방하다. 다만 이 문장은 영어의 문법 특성상 '수'를 표현한 것이지, '물건의 개수'를 강조한 것으로는 보이지 않기 때문에 독자의 입장에서 매끄럽게 읽힐 만한 어휘를 선택하면 된다. 아울러 이 문장은 소년의 생각을 나타내므로 원문에는 없지만 작은따옴표를 활용해 번역문을 만드는 것이 좋겠다.

실습

4

"Tell me about the baseball," the boy asked him.

번역 예

"야구 얘기 좀 해 주세요." 소년이 노인에게 말했다.

문장 설명

같이 식사하며 노인이 스튜(stew)가 맛있다고 하자 소년이 분위기를 바꿔 대화를 이끌어 내는 장면이다. 위 문장을 "'야구에 대해 말해주세요.' 소년이 노인에게 요청했다'라고 번역해도 상관은 없다. 하지만 번역 예처럼 표현해도 나빠 보인다. 우리가 알고 있는 문법 지식과 단어 뜻 그 이상으로 생각의 폭을 넓히면 더 정확하고 적절한 번역문을 만들 수 있다.

실습

5

"The great Sisler's father was never poor and he, the father, was playing in the Big Leagues when he was my age."

Big League 미국 야구 메이저리그

번역 예

"대(大)선수, 시슬러의 아버지는 결코 가난했던 적이 없었죠. 더구나 그의 아버지는 제 나이에 이미 메이저리거였어요."

> **문장 설명**

『노인과 바다』에는 실존 인물이 등장하는데 여기에 나오는 야구 선수들이 그렇다. 조 디마지오(Joe DiMaggio), 딕 시슬러(Dick Sisler), 조지 시슬러(George Sisler, 딕 시슬러의 아버지) 등은 실존한 메이저리그 선수이다. 원문에 실존 인물이나 역사가 포함되어 있을 때 이에 대한 자료를 찾아보면 좀 더 정확한 번역을 하는 데 도움이 된다. 특히 여기서는 앞서 계속 소년(?)으로 나오는 boy의 나이를 유추할 수 있는 문장이 나온다. 소년은 자신과 같은 나이에 조지 시슬러가 메이저리그에서 활약했다고 했는데 실제 조지 시슬러는 20대 초반에 메이저리그에 데뷔했다. 그렇다면—소년과 노인이 조지 시슬러의 나이를 잘못 알고 있지 않는 한—『노인과 바다』에 나오는 소년은 실제 우리가 생각하는 소년 나이대는 아니라는 말이 된다. 『노인과 바다』가 언제 처음 번역됐고, 그때 어떻게 번역했는지는 잘 모르지만—누가 언제 어떻게 첫 번역을 했는지가 중요한 것이 아니기 때문에 밝히지 않는다—아마도 boy 하면 가장 먼저 떠오르는 뜻이 소년이어서 그 단어로 번역했을 것으로 추정한다. 물론 사실이 아닐 수 있다. 하지만 내 생각으로는 『노인과 바다』에 나오는 boy를 소년이라고 번역하는 건 적절해 보이지 않는다. 누군가는 여기에 등장하는 boy가 청년의 나이라 할지라도 노인에게는 어린아이에 불과하기 때문에 소년이라고 번역해도 틀리지 않다고 말할지도 모른다. 또 내가 알지 못하는 어떤 이유로 소년이라고 번역했고 그 이유가 타당했기 때문에 계속 소년으로 번역되었을지도 모른다. 하지만 원문에 나온 boy의 나이를 추정할 수 있는 이 문장이 사실이라면 '소년'은 다르게 번역해야 한다. 실제 책을 읽는 우리나라 독자들은 소년이라는 단어를 보는 순간부터 boy로 등장하는 인물의 나이를 10대 중반으로 생각하며 글을 읽게 되고, 이는 소설 내용에 미묘한 오해를 불러일으킬 수 있기 때문이다. 사실 boy에는 소년이라는 뜻만 있는 게 아니다. 실제 '청년' '수습 선원'이라는 뜻도 있고 '젊은 급사(사환)', 호텔에서 bellboy를 줄여 부르는 '보이'라는 뜻도 있다. 또 '아들'이라는 뜻도 있고 어떤 경우에는 '병사'를 뜻하

기도 한다. 물론 이 소설에서 소년 외에 다른 단어는 어색하게 느낄 수도 있다. 하지만 그건 처음부터 소년으로 이 소설을 접했기 때문이 아닐까. 지금이라도 원래의 뜻을 살려 가장 적절한 단어로 번역하면 어떨까. 나는 그게 맞다고 생각한다. 따라서 이 책에서는 앞으로 boy를 '소년'으로 해석하지 않고 '청년' 또는 상황에 따라 다른 어휘로 표현하려고 한다.

and는 '나열'의 의미보다는 '보충' 또는 '강조'의 의미도 보는 것이 적절하겠다. the father는 he를 말한다. great는 '위대한' '훌륭한' '유명한' 등으로 번역할 수 있고 '거장'이라고 번역할 수도 있는데 그런 의미를 담아 우리말로 자연스럽게 표현하면 될 것이다. 번역 예에서 '대(大)선수'라고 번역한 게 어색하다면 다르게 바꿔도 좋겠다. great는 시슬러의 아버지를 수식한다.

실습

6강
문장의 중심이 되는 동사

영어에서는 동사가 주어의 인칭과 사건 발생 시점에 따라 달라진다. 우리말 역시 시제에 따라 서술어의 어미가 달라지기는 하나, 주어의 인칭에 따라 서술어 형태가 바뀌지는 않는다. 또한 영어에는 우리말에 없는 완료형 시제가 있다. 기본적으로 시제의 정확한 의미를 번역문에 반영해야 하지만, 다르게 번역해도 괜찮은 경우가 있는데 이는 문맥을 잘 이해한 뒤 적절하다고 생각하는 경우에만 적용해야 한다. 게다가 영어에는 수동태 구문이 많다. 그런데 이를 그대로 한글로 옮기면 매끄럽지 않은 문장이 많다. 따라서 영어 문장은 수동의 형태여도 번역문은 능동으로 표현하는 것이 더 좋다. 명사형—주어, 목적어—중심 구조를 보이는 영어에 비해 우리말은 감정이나 상태를 서술하는 능동적인 서술어 표현이 핵심이 되는 언어이기 때문이다. 앞서 언급한 내용의 반복이 되겠지만, 서술어가 되는 동사 역시 문맥 안에서 필요한 뜻을 찾아 적절하게 표현해야 오역이 적은 자연스러운 번역을 할 수 있다.

"There is no such fish if you are still strong as you say."

still 아직도, 여전히, 역시

> 번역 예

"말씀하신 대로 할아버지가 여전히 힘이 좋으시다면 그럴 만한 고기는 없죠."

> 문장 설명

청년이 노인을 최고의 어부라고 말하자, 노인이 그 말이 거짓이 안 되려면 자신이 잡을 수 없을 고기를 만나면 안 되겠다고 대답했고, 그 말에 청년이 대꾸하는 내용이다. There is no ~ 는 '~이 없다', as는 접속사 '~대로'로 번역하면 어렵지 않게 문장을 만들 수 있다.

> 실습

He was asleep in a short time and he dreamed of Africa when he was a boy and the long golden beaches and the white beaches, so white they hurt your eyes, and the high capes and the great brown mountains.

in a short time 단시간에, 잠깐
dream of ~을(를) 꿈꾸다
beach 해변, 바닷가, 백사장
hurt 부상, 손상, 다친, 상하게 하다, 아픔(고통)을 느끼게 하다(느끼다)

cape 곶, 갑(바다 방향으로 부리처럼 뾰족하게 뻗은 육지)

번역 예

잠깐 잠들었던 노인은 자신이 젊었을 적 가보았던 아프리카 꿈을 꾸었다. 꿈결에 길게 뻗은 금빛 해변과 백사장, 높이 솟아 있는 곶, 커다란 갈색 산이 보였다. 햇빛에 비친 백사장은 너무 부셔서 눈이 상할 정도였다.

문장 설명

첫 and 앞 문장의 동사는 be 동사이다. 문장이지만 번역 예처럼 and 뒤의 he를 수식하는 구로 바꿔 번역해도 좋다. he dreamed of Africa when he was a boy는 '노인이 boy였을 때의 아프리카 꿈을 꾸었다'는 뜻이지만 『노인과 바다』 원문을 보면 이 내용에 앞서 노인이 boy 시절 고기를 잡기 위해 아프리카를 오갔던 내용이 나오기 때문에 번역 예에서는 '가보았던'을 넣어 번역했다. 이처럼 번역은 원문을 그대로 옮겨야만 하는 것은 아니다. 내용을 이해하고 그에 맞게 번역하면 된다. 여기서도 boy는 소년이라기보다 '수습 선원' 또는 '청년'을 말한다고 봐야 할 것이다. and 뒤 문장에서는 Africa와 long golden beaches, white beaches, the high capes, the great brown mountains가 동사 dreamed (of)의 목적어이고 so white they hurt your eyes는 삽입절이다. 따라서 순서를 약간 바꾸면 문장을 좀 더 자연스럽게 표현할 수 있다.

beach와 cape, mountain은 복수로 쓰였지만 이를 굳이 복수로 번역할 필요는 없다. 이 단어들이 각각 단 하나를 지칭하는 것이 아니기 때문에 복수로 쓰이긴 했지만, 우리말이 복수 표현을 선호하지 않는 데에다 이 단어들이 뜻하는 해변, 곶, 산에 이미 복수의 의미가 포함되어 있기 때문에 그대로 해변, 곶, 산이라고 번역하면 된다. 그렇다고 모든 복수 단어를 단수로 번역해야 하는 건 아니다. 필요한 경우에는 당연히 복수로 표기해야 한다.

so white they hurt your eyes는 that이 생략된 so ~ that 구문이다. so white는 '너무 하얗다'는 말인데 hurt와 연결해 생각하면 번역 예와 같이 번역해도 괜

찾을 것 같다. they는 white beaches를 의미하며, you는 '너(당신)' 등 '청자(聽者)' 외에 '일반적인 사람'을 뜻하기도 하므로 your eyes는 '(일반적인) 사람의 눈'으로 이해하면 된다. hurt는 단정적인 표현보다는 번역 예처럼 '상하게 할 정도'로 번역하는 것이 적절해 보인다.

실습

3

Usually when he smelled the land breeze he woke up and dressed to go and wake the boy.

smell ~의 냄새를 맡다, ~의 냄새가 나다, 냄새로 알다
land breeze 육풍, 뭍바람
wake up 잠에서 깨다(일어나다), 잠을 깨우다, 정신을 차리다

번역 예

보통 꿈속에서 뭍바람 냄새를 맡을 때쯤이면 노인은 일어나서 옷을 입고 청년을 깨우러 갔다.

문장 설명

when 절과 그 뒤 두 문장이 접속사로 연결된 문장이다. woke up을 통해 짐

작할 수 있겠지만 when 절은 꿈속에서 일어난 일을 말한다. dressed to go and wake ~는 '가서 청년을 깨우기 위해 옷을 입었다'로도 번역할 수 있지만 '옷을 입고 가서 청년을 깨웠다'라고 해도 무방하다. 원문의 주요 동사는 dress이지만 이처럼 우리글로는 원문의 to 부정사 역시 주요 동사로 번역할 수 있다.

> 실습

He only dreamed of places now and of the lions on the beach.

> 번역 예

- 노인은 이제 어떤 장소와 해변을 거니는 사자들 꿈만 꾸었다.
- 노인의 꿈에는 이제 어떤 장소들이 나오거나 해변을 거니는 사자들만 나왔다.

> 문장 설명

원서에는 이 문장 앞에 노인은 더 이상 폭풍이나 커다란 물고기 또는 아내 꿈 등은 꾸지 않는다는 이야기가 나온다. 문장은 어렵지 않게 해석이 가능할 것이다. 그러나 번역할 때 조심해야 할 부분이 있다. 번역 예의 첫 번째 문장을 보면 알 수 있을 것이다. 이 문장은 원문을 그대로 옮기긴 했으나 중의적인 의미가 담긴 문장이 되어버렸다. 원문은 '장소들도 보이고 해변의 사자들도 보인다'는 의미인데 이 문장은 자칫 '사자가 어떤 장소에서도 보이고 해변에서도 보인다'는 의미로 이해

될 수 있기 때문이다. 이를 방지하기 위해서 문장을 좀 더 정확하게 표현할 필요가 있다. '장소와' 다음에 쉼표를 넣어 구분하거나 '어떤 장소에 대한 꿈을 꾸거나'로 번역하면 될 것이다. 1강에서도 유사한 문장이 있었고 앞으로 또 나오겠지만 이런 경우는 번역할 때 드물지 않게 마주치는 일이므로 번역 후 문장을 다듬는 습관을 들여야 한다. 번역 예의 두 번째 문장으로 번역하는 것도 괜찮아 보인다.

실습

5

All my life the early sun has hurt my eyes, he thought.

all one's life 한평생, 전 생애

번역 예

'지금까지 평생, 아침 햇볕에 눈이 많이 상하긴 했지.' 노인이 생각했다.

문장 설명

한평생이라는 단어와 동사의 현재완료 시제가 결합해 '지금까지 평생'이라는 뜻으로 쓰였다. 주어가 sun이지만 번역할 때 굳이 '해' 또는 '태양'을 주어로 삼을 필요는 없다. 이 문장 역시 노인의 생각이므로 작은따옴표를 활용해 표현하면 문장이 더 자연스러워 보인다. 영어는 대명사를 많이 사용하지만 이를 우리글로 번역할 때에는 가능한 한 대명사 사용을 줄이고 그 대상—문장을 대신하는 경우도 마찬가지다—의 이름, 호칭, 직위 등으로 번역하는 것이 좋다.

실습

7강
명사 매그럽게 번역하기

앞서 언급했듯이 영어 문장은 명사형—주어, 목적어—중심의 구조인 반면 우리말 문장은 동사형—서술어—중심의 구조이다. 명사를 명사로 번역하는 것이 기본이기는 하지만 경우에 따라서는 다른 품사—문장성분—즉, 동사나 형용사 등 서술어로 번역하는 것이 더 효과적일 때가 있다. 예를 들면 (추상)명사+of+something(somebody)과 같은 명사구에서의 명사가 대표적이라고 할 수 있겠다. 예를 들어보자. Kindness is a meaning of the good. 여기서는 meaning이라는 단어가 '의미'의 뜻을 지닌 명사로 쓰였지만 '친절(Kindness)은 미덕(good)을 의미한다(나타낸다)' 또는 '친절은 미덕(선)이다'로 번역하는 것이 더 자연스럽다. 사전을 찾아보면 알겠지만 good은 상당히 다양한 뜻을 담고 있는 단어이다. 그중 어느 뜻을 적용할지는 문장, 나아가 문맥에서 판단해야 한다. 자꾸 반복하는 이야기이지만, 단어의 뜻을 정확히 파악하고 적용하는 것은 아무리 강조해도 지나치지 않는다.

1

"Dolphin," the old man said aloud.

dolphin 만새기, 돌고래

aloud 소리 내어, 큰 소리로

번역 예

"만새기야." 노인이 크게 말했다.

문장 설명

굳이 설명이 필요한 번역문은 아니지만 짚고 가면 좋을 단어가 있다. 바로, 명사 dolphin이다. dolphin 하면 누구나 가장 먼저 '돌고래'를 떠올릴 것이다. 하지만 여기서 말하는 dolphin은 '돌고래'가 아니라 '만새기'라는 농어목 만새깃과에 속하는 바닷물고기다. 『노인과 바다』를 읽다 보면 dolphin의 정체를 알 수 있다. 번역하다 보면 전혀 생각지도 못한 오역을 할 때가 있는데 바로 이런 경우이다. 도서를 번역하는 경우, 특정 단어를 쉽게 생각해 잘못 번역할 수도 있지만 그리했더라도 뒤에서 그 잘못을 수정할 수 있는 정보가 나오는 경우가 많으니 문맥을 잘 파악하고 끝까지 주의를 기울여야 한다.

실습

2

He shipped his oars and brought a small line from under the bow.

ship 배에 싣다, ~을(를) 보내다, 달다, 끼우다

oar 노

bring 가져오다, 데리고 오다(가다)

bow 선수(船首), 이물(배의 앞부분)

번역 예

그는 자신의 노를 (놋좇*에) 끼우고 이물 아래에서 짧은 줄을 집어 들었다.

문장 설명

ship에는 명사 '배' 외에 동사로 '배에 싣다'‘(노를 정해진 위치, 즉 놋좇에) 끼우다' 등의 뜻이 있다. 영문에는 복수(oars)로 나오지만 국문에서는 그냥 '노'라고 단수로 번역하면 된다.

and 뒤에 나오는 문장의 bring (something) from ~은 '~에서 ~(something)을 가져오다'로 보면 되는데 여기서는 작은 배의 특성상 그냥 배 바닥에 있거나 또는 상자(궤)에 있는 것을 '집어 들다' 또는 '꺼내다' 정도로 이해하면 된다. 『노인과 바다』 앞부분을 보면 노인이 조업을 마치고 들어올 때, 청년이 노인을 도와 어구(漁具)를 옮기는 장면이 나오는데 그때 줄과 갈고리 등이 들어 있는 나무 상자가 언급된다(The old man carried the mast on his shoulder and the boy carried **the wooden box with the coiled, hard-braided brown lines**, the gaff and the harpoon with its shaft). 이를 생각하면 이물에 놓아둔 나무 상자에서 줄을 꺼냈다고 보는 것도 가능하다. 하지만 나무 상자가 직접 언급되지 않고 from under the bow라 표현한 것으로 보아 '이물 아래'가 가장 적절하겠다. small line에서 small은 '작은'이라는 의미가 있지만 줄을 '작다'고 표현하는 건 그리 자연스러운 표현이 아니다. 원문을 보면 커다란 물고기를 잡을 때 줄을 이어 길게 만드는 내용이 있고, 뒤에서 그 줄을 big line이라고 표현하는 문장이 나오는데, 이 문장에서도 small은 '작은 줄'보다는 '짧은 줄'로 보는 게 적절하다. bow를 '이물'로 번역할 것이냐, '선수' 또는

---

* 놋좇 배 뒷전에 자그맣게 나와 있는 나무못. 노의 허리에 있는 구멍에 이것을 끼우고 노질을 한다. – 국립국어원 표준국어대사전

'배의 앞부분'으로 번역할 것이냐는 번역가의 선택이다.

실습

3

He could not see the green of the shore now but only the tops of the blue hills that showed white as though they were snow-capped and the clouds that looked like high snow mountains above them.

shore 바닷가, 해안
hill 언덕, 작은 산, 구릉, 경사
snow-capped (산 또는 산꼭대기가) 눈으로 덮인
cloud 구름, 연기, 집단, ~을(를) 구름으로 덮다
above ~보다 위에(로), ~보다 위(이상)인, 위(쪽)에

번역 예

이제 더 이상 초록색 해안은 보이지 않았다. 노인에게 보이는 거라곤 눈 모자를 쓴 것처럼 하얗게 보이는 산봉우리들과, 그 위로 눈 덮인 고산(高山)처럼 보이는 구름뿐이었다.

문장 설명

노인이 먼바다에 나와 있는 상황을 표현하고 있다. 원문 그대로, 노인을 주어

로 삼아 문장을 만들어도 되지만 번역 예와 같이 옮겨도 괜찮아 보인다. 원문은 한 문장이지만 볼 수 없는 것—could not see—과 보이는 것—but (could see) only—을 나누어 두 문장으로 번역했다. the green은 '초록색' '풀빛' '초원' '풀밭' 등의 뜻으로 see의 목적어 구실을 하는 명사여서 the green of the shore를 '해안의 풀(들)' 정도로 번역할 수도 있지만 그렇게 하면 보이지 않는 대상이 풀이 되어 원문의 의미를 제대로 전달하지 못한다. 원문은 먼바다에 나와 해안은 보이지 않고 그 위로 산봉우리와 구름만 보인다는 뜻이 담긴 문장이다. 따라서 번역 예처럼 the green은 해안을 수식하는 관형어(형용사)로 번역하는 것이 더 적절해 보인다. '초록색 해안'은 『노인과 바다』 원문에서 이 문장보다 앞서 언급되기(The clouds over the land now rose like mountains and **the coast was only a long green** line with the gray blue hills behind it.)—아마도 육지에 난 나무와 풀 때문일 것이다—때문에 이 정도로 번역해도 무방할 것이다. top은 '정상' '꼭대기'의 의미로 '산봉우리'로 번역하면 적절하겠다. blue hills는 '푸른 산'으로 번역할 수 있지만 여기서는 이를 굳이 드러내어 번역하지 않아도 된다. 관계대명사 that 이하가 수식하는 것은 the tops이고, 원문은 '푸른 산에서 눈 모자를 쓴 것처럼 보이는 산봉우리만 눈에 들어온다'는 뜻으로, 정작 보이는 건 산봉우리이기 때문이다. 여기서 snow-capped는 앞에 as though가 나온 것으로 보아 사진에 나오는 의미로 번역하기보다 각 단어를 연결해 '눈 모자를 쓴'으로 번역하는 것이 적절해 보인다. they와 them 모두 the tops를 가리킨다.

실습

4

"Now!" he said aloud and struck hard with both hands, gained a yard of line and then struck again and again, swinging with each arm alternately on the cord with all the strength of his arms and the pivoted weight of his body.

strike ~을(를) 치다, 때리다, 찌르다, 충돌하다, 낚아채다, 파업하다
gain 얻다, 획득하다, 증가시키다, 도달하다, 달성하다, 증가하다, 이익, 이득, 증가
yard 야드(길이 단위로 약 0.9144m), 땅, 구내, 안뜰, 정원
swing 흔들다, 휘두르다, ~을(를) 빙글 돌리다, 흔들리다, 흔들흔들 움직이다
alternately 교대로, 번갈아
cord 줄, 끈, 새끼, 굴레, ~을(를) 끈으로 묶다
strength 힘, 능력, 용기, 강도, 강점
pivot 축을 중심으로 돌다(회전하다), 방향을 바꾸다, ~을(를) 회전시키다

번역 예

"지금이야!" 노인이 큰 소리로 말하며 두 손으로 줄을 강하게 낚아챘다. 그러자 1미터 정도 줄이 올라왔다. 그런 뒤 노인은 몸으로 중심을 잡고 두 팔로 온 힘을 다해 한 손씩 번갈아 줄을 흔들며 채는 동작을 반복했다.

문장 설명

드디어 노인이 커다란 물고기를 낚는 상황이다. hard는 부사로 '강하게' '세게' '힘껏' 정도로 번역하면 된다. 여기서 yard는 길이 단위로 우리의 사용 단위로 환산해 적용해야 한다. 아울러 이런 경우에는 정확한 표기보다는 대략적인 표현이 자연스럽다. 물론 정확성을 요하는 내용이라면 최대한 정확하게 표기해야 한다. again and again은 '반복적으로' '되풀이하여'의 의미로 부사의 기능을 하지만 번

역 예처럼 서술어로 번역해도 괜찮다. swinging 이하는 분사 구문으로 '흔들면서'로 번역하면 된다. on은 접촉의 의미로 '줄을 잡은'으로 이해하면 되는데 이것을 드러내어 번역할 필요는 없다. 상황을 이해하고(그려보고) 자연스럽게 표현하면 된다. pivoted weight는 '회전축이 되는 무게'라는 뜻인데 이는 '몸(무게)을 중심으로' 또는 '몸으로 중심을 잡고'의 의미로 이해하면 된다.

실습

5

There are plenty of things I can do.

plenty 많음, 다수, 충분한, 많이

번역 예

'내가 할 수 있는 일은 꽤 많다고.'

문장 설명

이 문장에서 plenty는 명사이다. 하지만 plenty of로 쓰여 '다수의 ~'이라고 번역할 수 있다. 여기서는 '다수의 일' 또는 '많은 일'로 번역하면 된다. 하지만 이처럼 관형어(형용사)가 아니라 번역 예에서 보듯이 서술어(형용사)로 번역하는 게 더 자연스러워 보인다. things와 I 사이에는 목적격 관계대명사 which(that)가 생략되었다. 이 역시 노인이 주체가 되어 표현하는 문장인 만큼 작은따옴표를 사용해 '노인의 생각'으로 문장을 만드는 게 적절할 것 같다.

실습

8강
형용사 매끄럽게 번역하기

영어 문장에는 명사 앞에 형용사가 오는 '형용사+명사' 구조가 많다. 이런 문구 역시 형용사가 어떤 의미를 지닌 단어인지에 따라, 그 구조 그대로 번역해야 하는 경우도 있고, 명사는 주어로 형용사는 서술어 또는 부사어로 풀어주어야 의미가 효과적으로 전달되는 경우도 있다. I had a disturbed sleep last night. 이와 같은 문장이 있다고 하자. 여기서 disturbed는 '불안한' '마음이 불편한' 등의 뜻을 지닌 형용사이다. 이 경우에는 '나는 어젯밤 불안한 잠을 잤다'라고 번역하기보다 '나는 어젯밤 잠을 설쳤다'라고 하는 것이 더 자연스럽다. disturbed의 뜻을 사전에 나와 있는 뜻에 한정되어 볼 것이 아니라 이 단어의 어감―방해를 받거나 불안 또는 심란한 상태―을 잘 파악하여 문장을 만들면 된다.

1

The male fish always let the female fish feed first and the hooked fish, the female, made a wild, panic-stricken, despairing fight that soon exhausted her, and all the time the male had stayed with her, crossing the line and circling with her on the surface.

male 남성(의), 수컷(의), 남성적인

let (~하는 것을) 허락하다, ~하게 하다, (~하는 대로) 내버려두다

female 여성(의), 암컷(의), 여성적인

feed 음식(먹이)을 주다, 부양하다, 공급하다, 식사하다, 먹이, 사료

hook 갈고리, 고리, 덫, (갈고리로) 걸다, 달다, (낚싯바늘로) 낚다, 유혹하다, 걸리다

panic-stricken 공황을 일으킨, 공황 상태에 빠진, 공포에 휩싸인, 허둥대는

despairing 절망한

exhaust 다 써버리다, 기진맥진하게 하다

all the time 언제나, 내내, 언제든지

cross 교차시키다, 가로지르다, 건너다, 엇갈리다

circle ~을(를) 둥글게 에워싸다, ~의 둘레를 돌다, 회전하다, 선회하다

surface 표면, 수면

번역 예

수컷 물고기는 늘 암컷 물고기가 먼저 먹이를 먹을 수 있게 해주었다. 낚싯바늘에 걸린 암컷 물고기는 공포에 휩싸여 필사적으로 몸부림치다가 가망이 없다고 생각했는지 절망한 듯 곧 지치고 말았다. 수컷 물고기는 줄 위를 뛰어넘거나 수면으로 올라온 암컷을 따라 주위를 돌며 내내 그곳에 머물러 있었다.

문장 설명

첫 번째 and 앞 The male fish always let the female fish feed first는 문장 그대로 '수컷 물고기는 항상 암컷 물고기가 먼저 먹이를 먹게 해주었다' 정도로 번역하면 된다. 그다음 문구 the hooked fish는 the female인데 여기서는 '낚싯바늘에 걸린 암컷 물고기'라고 번역하면 되겠다. 그 암컷 물고기가 싸움을 하는데(made a fight), 그 싸움은 wild하고 panic-stricken하며 despairing했고 그 싸움은 오래지 않아 암컷 물고기 스스로를 exhaust하게 했다는 게 문장의 골자다. wild는 '거칠고' '사나운'의 의미가 있는 형용사로 fight와 연결되어 형용사+명사

의 형태를 이루지만 여기서는 낚싯바늘에서 벗어나기 위해 벌이는 싸움이기 때문에 우리말로는 부사어+서술어 형태인 '필사적으로 몸부림치다'로 번역하면 좋을 듯하다. 그리고 나머지는 순차적으로 '공포에 휩싸였(panic-stricken)'다가 '절망(despairing)'을 느끼더니 곧 이 싸움 때문에 '기진맥진(exhaust)'하게 되었다고 번역해도 무방하고, fight를 수식하는 형용사들을 번역 예처럼 순서를 달리하여 서술어 형태로 번역해도 좋을 듯하다. '가망이 없다고 생각했는지'는 행간에서 느껴지는 어감을 첨가한 것이다.

물론 이견이 있을 수 있다. 하지만 나는 이것이 가능한 번역이고, 나아가 더 나은 번역 문장이라고 생각한다. fight에 대한 수식어에서 마지막을 '~한 듯'이라고 번역한 건 실제 '절망'이라는 단어가 물고기에게 쓸 수 있는 의미의 어휘는 아니기 때문이거니와 번역 예처럼 인간의 시선으로 유추하듯 표현하는 게 더 자연스럽기 때문이다.

몇 개의 문장이 모여 하나의 문장을 이루다 보니 길게 늘어진 느낌이 들어 문장을 나누어 번역했는데 저자가 의도적으로 그렇게 썼다고 생각한다면 한 문장으로 번역해도 상관없다. 셋째 줄, and 뒤의 문장은 과거완료 형태이지만 이 역시 과거를 회상하는 장면인 만큼 그에 걸맞은 표현으로 번역하면 될 것이다. crossing, circling은 분사 구문으로, 이 또한 각각 하나의 문장(동사)으로 생각하고 번역하면 된다. circling with her에서 with her는 '암컷과 함께'라고 볼 수 있지만 상황상 '암컷을 따라'로 번역하는 것이 적절해 보인다. 아울러 circle을 번역 예처럼 '주위를 돌다'로 번역하면 자칫 배를 중심으로 도는 느낌이 드는데 이 장면에서 물고기들이 배를 중심으로 돌고 있다고 보긴 어려우므로 그냥 배 주변에서 원 모양으로 돌고 있는 것으로 이해하고 '암컷을 따라 돌며'로 번역하는 것이 좋겠다.

실습
___
___
___

2

There was yellow weed on the line but the old man knew that only made an added drag and he was pleased.

weed 잡초, 해초
added 추가된, 부가된
drag 후릿그물, 저인망, 장애물, 거치적거리는 것
pleased 기뻐하는, 만족해하는, 마음에 들어 하는

번역 예

줄에는 누런 해초가 걸려 있었지만 노인은 그것이 물고기에게 짐만 더해줄 뿐이라는 사실을 알고 있었기에 괜찮다고 생각했다.

문장 설명

yellow 하면 우리는 흔히 노란색을 떠올리는데 여기서는 해초의 색을 감안하여 '누런'의 어감이 더 적절할 것 같다. knew와 that 사이에는 목적어절을 이끄는 접속사 that이 생략된 것으로 문장에 나온 that은 지시대명사다. added는 형용사로 '추가된'이라는 의미이지만 여기서는 서술어 '더해준다'로 번역하는 게 더 자연스럽다. make a drag는 '장애물을 만들다'는 의미로 only가 더해져 '장애물(짐)이 될 뿐이다'라는 의미로 번역하면 되고 마지막 and는 문맥상 '그 결과' 또는 '그래서'로 보면 된다. 이때 pleased를 번역하기가 좀 까다로울 수 있는데, 번역 예처럼 문장을 만들거나 '(오히려) 좋아했다' 정도로 번역하면 무난할 것이다.

실습

3

"Is this your first trip?"

번역 예

- "이게 첫 번째 여행이니?"
- "이런 여행은 처음이니?"

문장 설명

바다 멀리 나와 있는 자신(배)에게 날아든 새를 보고 하는 말이다. 형용사 first를 품사 그대로 번역해도 되고 두 번째 번역 예처럼 서술어로 표현해도 무방하다. you(r)는 상대방(청자)을 말하는데 이런 문장에서 영어는 그 대상(소유)을 명확히 표기하지만 굳이 드러내어 번역할 필요는 없다.

실습

4

Just then the fish gave a sudden lurch that pulled the old man down onto the bow and would have pulled him overboard if he had not braced himself and given some line.

sudden 갑작스러운, 돌연한, 별안간의

lurch 갑작스런 요동, 기울어짐, 비틀거리다

pull down 끌어내리다, ~을(를) 무너뜨리다(좌절시키다), 쓰러뜨리다

onto　~의 위에

overboard　배 밖으로

brace　떠받치다, 보강하다, 고정시키다, 힘껏 디디고 버티다

번역 예

바로 그때, 물고기가 갑자기 요동을 치는 바람에 노인이 이물 쪽으로 넘어지고 말았다. 몸에 힘을 주고 버티면서 줄을 적절히 놓아주지 않았다면 아마도 바다에 빠졌을 것이다.

문장 설명

우리는 보통 관계대명사를 수식의 용도로 배웠기 때문에 that 이하를 먼저 번역해야 한다고 생각하기 쉽지만 의미상 순차적으로 번역하는 게 더 자연스러울 때가 있다. that 이하의 pulled와 would have pulled의 선행사는 lurch이다. gave a sudden lurch에서 형용사 sudden은 번역 예처럼 부사어로 번역하면 되고 pull (somebody) down은 '쓰러뜨리다'의 의미로 번역하면 된다. 접속사를 활용해 원문처럼 한 문장으로 만들어도 되지만 이 경우에는 문장을 한 번 끊고 가정법(과거완료) 문장인 would have pulled와 if he had not braced ~를 한 문장으로 만들면 된다. would have pulled에서 pull의 주체는 lurch이지만 우리말은 영어와 달리 주어 자리에 사물이나 행위 또는 동작을 나타내는 어휘가 오는 것을 선호하지 않으므로 노인을 주체로 번역하면 더 자연스러운 문장이 될 수 있다. some에는 '약간의' '얼마간의' 등의 뜻이 있지만 번역 예에서는 '적절히'라고 번역했다. 어떤가. 문맥을 감안하면 나는 꽤 적절한 표현이라 생각한다.

실습

5

Shifting the weight of the line to his left shoulder and kneeling carefully he washed his hand in the ocean and held it there, submerged, for more than a minute watching the blood trail away and the steady movement of the water against his hand as the boat moved.

shift 옮기다, 이동하다, 바꾸다

kneel 무릎을 꿇다, 무릎을 대다

submerged 물속의

trail 뒤를 밟다, 질질 끌다, 질질 끌리다, 늘어지다, 길게 뻗치다, 자국, 길게 뻗침

trail away 차츰 잦아들다, 희미해져가다

steady 확고한, 안정된, 규칙적인, 일정한, 차분한

movement 움직임, 운동, 이동, 몸짓, 변화, 전개

against ~에 반대하여, ~을(를) 거슬러, ~에 대비하여, ~에 기대어, ~을(를) 향하여

번역 예

노인은 자신의 왼쪽 어깨로 줄을 옮기고는 조심스럽게 무릎을 꿇고 바닷물에 손을 씻었다. 일 분이 넘도록 손을 바닷물에 담근 채, 배가 움직이면서 피가 씻겨 퍼져 나가는 모습과 파동이 규칙적으로 손에 부딪히는 광경을 바라보았다.

문장 설명

shifting과 kneeling, 그리고 뒤의 watching은 분사 구문으로 '~하면서'라고 이해하고 문장 흐름에 따라 적절한 형태로 번역하면 된다. 여기서 weight는 굳이 번역하지 않아도 될 것이다. shifting ~ to는 'to로 옮기다'라고 번역하고 held it there, submerged는 '손(it)을 물속에(there) 그대로(held) 담근 채(submerged)'로

풀어준다. watching은 위에 언급한 것처럼 문장 흐름에 맞게, as(부대 상황, 동시 동작) 절 번역 후 최종 술어로 번역하고, trail away는 '희미해져가다'의 뜻이 있지만 여기서는 '피가 바닷물에 씻기면서 멀어지는'의 의미를 담아 '(배가 움직이면서) 피가 씻겨 퍼져 나가는'으로 번역하면 될 것이다. 형용사 steady는 '규칙적으로'라는 부사로 번역하는 게 더 자연스럽다.

실습

부사 매끄럽게 번역하기

영어는 한글보다 수식이 많은 언어이기 때문에 '부사+동사'의 구조도 꽤 많이 사용된다. 이러한 구조를 한글로 번역할 때에도 부사를 형용사나 동사처럼 활용해 서술어로 표현해야 자연스러운 번역문이 되는 경우가 있다. She mistakenly believed that he was trustworthy. 이 문장에서 mistakenly는 '잘못되어' '실수로'라는 뜻의 부사이다. 이 문장을 그대로 번역하면 '그녀는 실수로 그가 신뢰할 수 있는 사람(신뢰할 만한 사람)이라고 믿었다'가 될 것이다. 그런데 문장이 좀 어색하다. 이 경우, '그 남자가 믿을 만한 사람이라고 생각한 것이 그녀의 실수였다' 또는 문맥에 따라, '그 남자를 믿은 것이 그녀의 실수였다' 정도로 번역하면 좀 더 자연스러운 문장이 될 것이다. 아울러 부사가 문두나 문미에서 단독으로 쓰일 경우, 부사를 상황에 맞게 해석해야 독자가 문장을 수월하게 이해할 수 있다. 따라서 같은 단어(부사)라 할지라도 문맥상 어울리는 뜻을 잘 선택해서 번역해야 한다.

1

He settled comfortably against the wood and took his suffering as it came and the fish swam steadily and the boat moved slowly through the dark water.

settle 정하다, 자리 잡다, 내려앉다, 해결하다, 안정시키다, 정착시키다, 가라앉다
comfortably 기분 좋게, 마음 편히, 편안(안락)하게
suffering 고통, 괴로움, 고통을 겪는
steadily 착실(견실)하게, 꾸준히

번역 예

- 노인은 뱃전에 편안히 기대어 앉아 고통이 느껴질 때마다 그 고통을 오롯이 감내하고 있었다. 물고기는 꾸준히 헤엄쳐 나갔고 배 역시 짙은 바닷물을 헤치며 천천히 나아가고 있었다.
- 뱃전에 기대어 앉은 노인은 편안하긴 했지만 이따금 고통을 느꼈고 그럴 때마다 노인은 그 고통을 오롯이 감내했다. 물고기의 움직임은 꾸준했고 배는 짙은 바닷물을 헤치며 천천히 나아갔다.

문장 설명

이 문장에서 눈에 띄는 부사는 comfortably, steadily, slowly이다. 첫 번째 번역 예는 부사들을 의미 그대로, 두 번째 번역 예는 일부 부사를 서술어 형태로 번역한 것이다. 여기서 wood를 그냥 '나무'라고 번역하면 매끄럽지 않다. 『노인과 바다』에서 '뱃전'을 gunwale로 표현하기도 했는데 the wood 역시 '뱃전'으로 보는 것이 적절할 것 같다. 뱃전은 배의 양쪽 가장자리 부분을 말한다. 앞서도 설명했듯 take는 다양한 상황에서 사용되는 단어로 여기서는 '받아들이다' 또는 '참고 견디다'의 뜻으로 번역하면 된다. as it came에서 it은 suffering(고통)을 의미하

고 이 문장은 '고통이 올(느껴질) 때'로 해석할 수 있겠다. as를 '때'로 보면 번역 예의 두 경우처럼 '고통이 느껴질 때마다' 또는 '이따금 고통을 느꼈고 그럴 때마다'의 의미를 도출할 수 있다. move through the water는 '(바닷)물을 헤치며 가다'로 번역한다. dark는 바닷물을 묘사한 것이니만큼 그에 적절한 표현을 선택하면 좋겠다.

실습

2

The sun was hot now although the breeze was rising gently.

although 비록 ~일지라도, ~이기는 하나, ~이지만
rise 오르다, 늘다, (들고) 일어나다, 건립되다, 나타나다, 일다, 올리다, 일으키다
gently 부드럽게, 서서히, 완만하게

번역 예

미풍이 가볍게 불어오고 있었지만 햇볕은 뜨거웠다.

문장 설명

rise 하면 가장 먼저 '오르다'가 떠오르지만 이처럼 바람이나 폭풍 등에는 '생기다' '일다' '발생하다'라는 뜻으로 쓰인다. 따라서 was rising gently는 '서서히 불기 시작했다'로 번역해도 괜찮을 것 같다. 여기서 gently는 부사 그대로 번역하

면 되고 부사 now는 굳이 드러내어 번역하지 않아도 되겠다.

실습

3

But there was an added drag now from the easterly breeze and the old man rode gently with the small sea and the hurt of the cord across his back came to him easily and smoothly.

easterly 동쪽으로 움직이는, 동쪽에 있는, 동쪽에서 불어오는, 동쪽에(으로), 동쪽에서
ride 말을 타다, (탈것에) 타다, 올라타다, (물 위를) 움직이다, 진행하다
smoothly 매끄럽게

번역 예

그러나 이제 동쪽에서 불어오는 미풍이 조금이나마 물고기의 진행을 방해했다. 배는 잔잔한 파도 위를 부드럽게 나아갔고 노인의 등 뒤에 걸쳐 있는 줄 때문에 생긴 고통은 한결 나아졌다.

문장 설명

added drag는 8강 2번 예문에서 설명한 것처럼 '물고기의 진행을 방해'하는 의미로 이해하면 된다. easterly는 부사로도 쓰이지만 여기서는 형용사로 쓰였고 easterly breeze는 '약한 동풍' 또는 '동쪽에서 불어오는 미풍(산들바람)' 정도로 보면 되겠다. gently 역시 주요 뜻 그대로 번역하면 된다. small sea에서 sea를 '파도'로 보면 small은 '잔잔한' 정도로 번역하면 될 것이다. 노인이 rode gently한 것

은 배를 그렇게 조타했다고 볼 수 있으므로 번역 예처럼 배가 주어인 문장으로 풀어도 좋다. easily와 smoothly는 came to와 연결해 문맥에서 의미를 파악해야 한다. 따라서 여기서는 번역 예처럼 긍정적인 어감을 살려 '부사어+서술어' 형태로 번역하는 것이 좋다.

실습

4

But the fish only continued to swim at a slightly higher level.

continue ~을(를) 계속하다(되다), 이어지다, 머무르다, ~을(를) 연장하다
slightly 약간, 약하게
level 수평면, 수평선, 높이, 고도, 수준, 정도

번역 예

하지만 물고기는 약간 위로 올라온 상태에서 계속 나아갈 뿐이었다.

문장 설명

이 문장에서는 부사 only를 의존명사 '뿐'으로 번역했다. continued to swim은 'swim을 계속했다' 또는 '계속해서 swim했다'로도 번역이 가능한데 후자가 더 자연스럽다. swim은 '헤엄치다' 또는 '수영하다'라는 뜻이 먼저 생각나는 단어이지만 여기서는 '나아가다'로 번역하는 게 좀 더 자연스럽게 느껴진다. at a level

은 '~의 수준으로'라는 의미인데 여기서 level은 '깊이'를 뜻하며 slightly higher 가 더해져 '약간 더 높아진 깊이'라는 의미이다. 번역 예처럼 '약간 위로 올라온 상태에서'로 번역하면 된다.

실습

5

I wonder how much he sees at that depth, the old man thought.

wonder 궁금하다, ~기이하다고 생각하다
depth 깊이, 심도, 농도

번역 예

'저놈이 그 깊이에서 얼마나 많은 것을 보는지 궁금하단 말이야.' 노인은 생각했다.

문장 설명

이 문장 쉼표 앞부분에서 노인이 자기 생각을 직접적으로 표현하고 있다. 따라서 번역 예처럼 우리말로 번역할 때, 영문의 의미를 그대로 전달하고자 한다면 작은따옴표를 활용하는 것이 적절하다. 이는 앞에서도 언급한 바 있다. 앞으로 나올 유사한 문장들에도 이처럼 작은따옴표를 활용하므로 꼭 필요한 경우를 제외하고는 따로 언급하지 않겠다. 물론 '노인은 ~라고 생각했다'처럼 이 두 문장—쉼표 앞뒤 문장—을 섞어서 번역문을 완성해도 된다. how much는 부사로 '얼마나' 또는 '얼마나 많이'로 번역할 수 있다. 하지만 임의로, 목적어 '것'을 넣고, '얼마나 많은'이라는 '부사어+관형어' 형태로 번역하는 것이 좀 더 자연스러워 보인다.

실습

교정, 번역의 화룡점정

번역문을 유려하고 풍성하게 마무리하는 과정이 바로 교정이라는 작업이다. 번역의 화룡점정이라고 하면 적절한 표현이 될까. 교정은 오역, 누락, 오타, 문법 등의 오류를 잡아 최종 독자가 편하고 자연스럽게 번역문을 읽을 수 있도록 하는 매우 중요한 작업이다. 사실 번역을 하다 보면 자신의 생각이나 문체를 벗어나 문장을 만들기가 쉽지 않다. 또한 원문 단어에 가로막혀, 훨씬 더 자연스러운, 같은 의미의 우리말을 생각해내지 못하는 경우도 많다. 그런데 교정이라는 과정을 거치면 틀린 것을 고치는 것은 물론이고 좀 더 객관화된 문장을 갖추게 된다. 그래서 교정 작업을 한 번이라도 해본 번역가라면 교정이 얼마나 중요한지, 자신의 문장이 처음에는 얼마나 거친지를 알게 된다. 따라서 번역가들은 늘 배운다는 겸손한 마음으로 작업에 임해야 한다. 그럴 때 더욱더 좋은 문장, 좋은 글이 나올 수 있다. 아울러 우리말 문법 역시 인터넷이나 관련 자료를 활용해, 평소에 꾸준히 익혀두면 큰 도움이 된다.

He felt very tired now and he knew the night would come soon and he tried to think of other things.

tired 피곤한, 지친, 싫증난, 진부한

> 번역 예

이제 노인은 극심한 피로를 느꼈고, 곧 밤이 올 거라는 사실을 알았기에 애써 다른 생각을 하려 했다.

> 문장 설명

very tired는 '매우 피곤하다'는 의미로 번역 예처럼 번역해도 좋을 듯하고 would come soon은 조동사 would가 시제 일치에 따른 will의 과거형이기 때문에 '곧 올 것이다'로 번역하면 된다. try to do는 보통 '~하려고 노력하다'라는 해석에 익숙하지만 경우에 따라 '애써 ~하다'로 번역하는 게 더 자연스러울 때가 있다. think of는 '~을 생각하다'는 뜻이고 other things는 '다른 것(들)'이라고 번역할 수 있지만 이를 '다른 생각'으로 번역해도 괜찮다.

> 실습

2

As the sun set he remembered, to give himself more confidence, the time in the tavern at Casablanca when he had played the hand game with the great negro from Cienfuegos who was the strongest man on the docks.

set ~을(를) 놓다, 앉히다, 설정하다, (해, 달 등이) 지다, 약해지다
confidence 신용, 신뢰, 자신, 확신
tavern 선술집, 여관
hand game 팔씨름
negro 흑인, 흑인의
dock 선창, 부두

번역 예

해가 지자 노인은 스스로 자신감을 얻기 위해 과거 카사블랑카(Casablanca)에 있는 술집에서 벌였던 팔씨름을 떠올렸다. 부두에서 가장 힘센 시엔푸에고스(Cienfuegos) 출신의 커다란 흑인과 벌인 경기였다.

문장 설명

As the sun set은 하나의 문장으로, 접속사 as는 '때'의 의미를 지닌 '~하면서' '~하자마자'로 번역하면 된다. to give himself more confidence는 삽입구이고 노인이 기억하는 건 the time이다. the time을 설명하는 것은 when 절이며 great negro를 수식하는 것은 관계대명사 who 이하이다. the time과 when 사이 in the tavern at Casablanca 역시 삽입구(전치사구)라고 생각하면 된다. hand game이 사전에 '팔씨름'으로 설명되어 있지는 않지만 내용을 보면 팔씨름임을 알 수 있고, great는 물리적인 의미의 '커다란'으로 보면 될 것이다. from Cienfuegos에서 from은 '~에서' '~으로부터'의 뜻이므로 번역 예와 같이 '출신'으로 번역하면 적당하겠다. 원문이 복문이어서 번역문 역시 기본적으로는 복문으로 만드는데 번역 예처럼 문장을 나누어도 좋다.

실습

3

The walls were painted bright blue and were of wood and the lamps threw their shadows against them.

throw 던지다, 던지기

shadow 그림자, 그늘, 그늘지게 하다

번역 예

- 벽은 밝은 파란색 페인트가 칠해진 나무 벽이었고 벽마다 전등에 비친 사람들의 그림자가 수놓여 있었다.
- 나무로 된 벽에는 밝은 파란색 페인트가 칠해져 있었고 전등은 벽마다 사람들의 그림자를 비추고 있었다.

문장 설명

첫 번째 and는 the walls를 설명하는 요소를 나열하는 데에 쓰였고, 두 번째 and는 새로운 문장을 이어주고 있으며, '~에 페인트를 칠하다'는 뜻의 paint는 목적어 the walls가 주어로 나오면서 수동태로 쓰였다. throw는 기본적으로 '던지다'라는 뜻이지만 빛, 그림자 등이 주체가 될 때에는 '(빛을) 비추다' 또는 '(그림자를) 투영하다'의 의미로 번역할 수 있다. 영문 번역에서 유의할 것 중 하나가 대명사인데 여기서 their는 문맥에 비추어 '(일반적인) 사람'으로 볼 수 있고 them은 '벽(the walls)'을 의미한다.

실습

___

___

___

4

The match had started on a Sunday morning and ended on a Monday morning.

match 경기, 시합, 경쟁 상대, ~과(와) 조화되다

번역 예

그 경기는 일요일 아침에 시작해서 월요일 아침에 끝이 났다.

문장 설명

요일 앞의 a는 '어느 하루'를 뜻하지만 이 문장에서는 굳이 의미를 드러낼 필요가 없다. 문장은 과거완료 시제의 두 문장이 and로 연결된 단순한 중문 구조다. 여기서 ended는 '결판이 났다'로 번역해도 괜찮을 것 같다. 일요일 아침에 시작된 경기는 월요일 아침에야 결판(끝)이 났다는 문장은 어떨까? 여기서 '(아침)에야'는 원문에는 보이지 않는 어휘이지만 행간에서 충분히 읽을 수 있으므로 이처럼 번역해도 무방하다.

실습

5

But he had finished it anyway and before anyone had to go to work.

번역 예

하지만 노인은 결국 경기를 마무리 지었고 때는, 아직 출근 시간 전이었다.

문장 설명

하루에 걸친 팔씨름. 쉽게 상상하기 힘든 일이지만 아무튼 『노인과 바다』 원문에 나오는 내용은 그렇다. 시간은 흐르고, 구경꾼들은 곧 출근해야 해서 무승부로 결정하자는 의견이 제기되는 때, 드디어 노인이 경기를 끝내면서 승자가 되었다. finish는 '마치다' '끝내다'는 뜻이지만 번역 예처럼 번역해도 괜찮겠다. 여기서 it은 hand game을 말한다. and 앞 문장은 과거완료 시제이고 and 뒤 문장은 과거 시제이나 번역은 과거에 있었던 하나의 사건으로 이해하고 서술하면 된다. have to는 '~해야 한다'는 뜻이지만 부정의 의미를 활용해, 사람들이 출근 때문에 더 이상 관람할 수 없는 시간이 되기 전, 노인이 결국 경기를 끝냈다라고도, 또는 사람들은 출근 때문에 곧 자리를 떠야 했지만 그 전에 드디어 노인이 경기를 끝냈다라고도 번역이 가능하다. anyway는 '결국(드디어)' 또는 '어쨌든'으로 번역할 수 있다.

2부

교정

| 구성과 목표 |

원문과 번역문을 바탕으로 교정 과정을 거쳐
완성도 높은 번역문을 만드는 방법을 이해한다.

교정에 익숙해지기 1

완성도 높은 번역문을 만들기 위해서는 기본적으로 어떤 과정을 거쳐야 하는지를 설명하고자 11~12강에는 '번역문만을 보고 손본 교정문'을 함께 싣는다.

For a long time after that everyone had called him The Champion and there had been a return match in the spring. But not much money was bet and he had won it quite easily since he had broken the confidence of the negro from Cienfuegos in the first match. After that he had a few matches and then no more. He decided that he could beat anyone if he wanted to badly enough and he decided that it was bad for his right hand for fishing. He had tried a few practice matches with his left hand. But his left hand had always been a traitor and would not do what he called on it to do and he did not trust it.

The sun will bake it out well now, he thought. It should not cramp on me again unless it gets too cold in the night. I wonder what this night will bring.

An airplane passed overhead on its course to Miami and he watched its shadow scaring up the schools of flying fish.

"With so much flying fish there should be dolphin," he said, and leaned back on the line to see if it was possible to gain any on his fish. But he could not and it stayed at the hardness and water-drop shivering that preceded breaking. The boat moved ahead slowly and he watched the airplane until he could no longer see it.

return match 재시합, 설욕전
confidence 신용, 신뢰, 자신, 확신
decide 마음먹다, 결론을 내리다
beat 치다, 때리다, 이기다, 능가하다, 무찌르다
badly 대단히, 몹시
enough 충분히, 아주, 완전히
try 시험 삼아 ·· 해보다, 시도하다
practice match 연습 경기
traitor 반역자, 배신자
call on ~에게 요구하다
bake 굽다, 태우다, 말리다, 익히다
cramp 경련, 쥐
unless ~이(가) 아닌 한, ~하지 않는다면, ~을(를) 제외하고
overhead 머리 위에, 높이, 하늘 높이
course 진행, 진로, 방향, 방침, 교육 과정, 침로를 따라 나아가다
shadow 그림자, 어둠, 그늘
scare 두려워하다, 놀라게 하다, 공포, 겁주다, 위협하여 쫓아버리다
school (물고기 등의) 떼, 떼를 지어 가다
flying fish 날치
lean back 상체를 뒤로 젖히다
hardness 단단함, 견고, 엄함, 곤란

water-drop 물(빗, 눈물)방울

shiver 와들와들 떨다, 흔들리다, 펄럭이게 하다, 떨림, 오한

precede ~에 선행하다, 앞서다, 먼저 일어나다, 서두, 전문(前文)

breaking 파괴, 끊어짐

번역문

팔씨름에서 이긴 뒤로 사람들은 오랫동안 노인을 챔피언이라 불렀다. 그리고 봄에 재시합이 있었다. 그렇지만 사람들은 내기에 많은 돈을 걸지 않았고 첫 번째 시합에서 시엔푸에고스 출신인 흑인이 자신감을 잃었기 때문에 노인은 쉽게 승리할 수 있었다. 그 후에 노인은 몇 번의 시합을 더 했지만, 그 이상은 하지 않았다. 노인은 진정 원한다면 누구도 이길 수 있다고 확신했지만, 팔씨름은 주로 오른손으로 해서 낚시를 위해서는 좋지 않다고 생각했다. 그래서 몇 번의 연습 경기 때에 노인은 왼손으로 해보려고 시도했었다. 하지만 왼손은 늘 배신을 했고 요구하는 대로 따라준 적도 없어서 노인은 왼손을 믿지 못했다.

태양은 이제 왼손을 따뜻하게 잘 비춰주겠지, 노인은 생각했다. 밤에 너무 춥지만 않으면 다시는 쥐가 나지 않을 거야. 오늘 밤 기온이 어떨지 궁금하군.

바이애니토 운항하는 비행기가 노인의 머리 위로 지나갔고, 비행기의 그림자가 날치 떼 몰아내는 것을 지켜보았다.

"많은 날치가 날고 있는 곳에 만새기가 있을 텐데." 노인은 말하면서 물고기를 끌어 올릴 가능성이 있는지 알아보려고 낚싯줄을 뒤로 젖혔다. 그렇지만 노인에겐 역부족이었고 놈은 단단히 굳은 채로 가만히 있었다. 끊어지기 직전까지 당겨진 낚싯줄이 떨려 물방울이 날렸다. 배는 앞으로 천천히 움직였고 노인은 비행기가 더는 보이지 않을 때까지 지켜보았다.

이 글은 『노인과 바다』의 일부를 어느 초보 번역가가 번역한 것이다.

우선 이 번역문만 보고 문장을 교정해보자.

> **교정문**

팔씨름에서 이긴 뒤로 사람들은 오랫동안 노인을 챔피언이라 불렀다. 그리고 봄에 재시합이 열렸다. 그러나 재시합에서는 사람들이 내기에 많은 돈을 걸지 않았다. 앞서 벌어진 경기에서 패배를 경험한 시엔푸에고스 출신 흑인이 자신감을 잃었기 때문인지 재시합에서는 노인이 쉽게 승리할 수 있었다. 그 후에 노인은 몇 번의 시합을 더 했지만 그 이상은 하지 않았다. 노인은 자신이 정말 원한다면 그 누구도 이길 수 있을 것이라 자신했다. 그러나 팔씨름을 주로 오른손으로 하다 보니 고기를 잡는 데에는 좋지 않을 수도 있다는 생각이 들었다. 그래서 연습 경기 몇 번은 왼손을 써보기도 했었다. 하지만 왼손은 늘 기대를 저버렸고 자신의 바람대로 따라준 적이 없어서 노인은 더 이상 왼손을 믿지 않았다.

'햇볕이 왼손을 따뜻하게 해주겠지.' 노인이 생각했다. '밤에 너무 춥지만 않으면 다시는 쥐가 나지 않을 거야. 오늘 밤 기온은 어떨지 궁금하군.'

노인은 마이애미행 비행기가 자신의 머리 위를 지나면서 만들어 내는 커다란 그림자를 보았다. 그림자에 놀란 날치 떼가 어딘가로 쫓기듯 달아나고 있었다.

"이렇게 날치가 많다면 분명 가까운 곳에 만새기가 있을 텐데." 이렇게 말하면서 노인은 자신이 잡고 있는 물고기를 끌어 올릴 수 있을지 알아보려고 낚싯줄을 당겨보았다. 하지만 노인에겐 역부족이었다. 놈은 단단히, 굳은 듯이 가만히 있었다. 끊어지기 직전까지 당겨진 낚싯줄이 떨리면서 물방울이 튀었다. 배는 앞으로 천천히 움직였고 노인은 비행기가 더 이상 보이지 않을 때까지 하늘을 쳐다보았다.

번역문과 이 교정문을 보면 어느 문장이 더 매끄러운지 비교가 가능할 것이다.

이 교정문은 앞서 말했듯이 번역문(국문)만 보고 교정한 문장이다. 교정문이 조금이나마 더 매끄럽다고 생각하는가. 만약 그렇다면, 번역 후에 한 번만 더 번역문을 보고 문장을 다듬어도 이처럼 좀 더 나은 문장을 만들 수 있다는 사실을 기억하라.

그럼 원문을 보며 문장을 비교해보자.

원문

For a long time after that everyone had called him The Champion and there had been a return match in the spring.

번역문

팔씨름에서 이긴 뒤로 사람들은 오랫동안 노인을 챔피언이라 불렀다. 그리고 봄에 재시합이 있었다.

교정문

팔씨름에서 이긴 뒤로 사람들은 오랫동안 노인을 챔피언이라 불렀다. 그리고 봄에 재시합이 열렸다.

문장 설명

after that은 '그 뒤로(후로)'이지만 that이 앞서 나온 팔씨름 이야기여서 역자가 '팔씨름에서 이긴 뒤로'라고 번역한 것이다. 첫 문장은 무리가 없어 보인다. 원문에서 The Champion의 앞 글자를 대문자로 쓴 것은 고유명사처럼 하나의 호칭으로 쓰였기 때문이다. there had been을 번역문은 '있었다'로 했고 교정문은 '열렸다'로 했는데 둘 다 괜찮아 보인다. 어감에서 약간 차이가 나긴 하지만 큰 차이는 아니기 때문에 더 자연스럽다고 생각하는 어휘를 선택하면 된다.

실습

원문

But not much money was bet and he had won it quite easily since he had broken the confidence of the negro from Cienfuegos in the first match.

번역문

그렇지만 사람들은 내기에 많은 돈을 걸지 않았고 첫 번째 시합에서 시엔푸에고스 출신인 흑인이 자신감을 잃었기 때문에 노인은 쉽게 승리할 수 있었다.

교정문

그러나 재시합에서는 사람들이 내기에 많은 돈을 걸지 않았다. 앞서 벌어진 경기에서 패배를 경험한 시엔푸에고스 출신 흑인이 자신감을 잃었기 때문인지 재시합에서는 노인이 쉽게 승리할 수 있었다.

문장 설명

첫 번째 and 앞뒤 문장 시제가 서로 다르지만 여기서는 시제 차이를 반영할 필요 없이 과거의 일을 자연스럽게 표현하면 된다. 원문은 '재시합에서는 내기에 돈이 많이 걸려 있는 것은 아니었고 노인이 매우 쉽게 승리를 했다. 첫 번째 게임에서 노인이 시엔푸에고스 출신인 흑인의 자신감을 꺾어버렸기(무너뜨렸기) 때문이다'라는 뜻이다. 번역문과 비교해보면, 무엇을(또는 누구를) 주어로 정하고 번역을 하느냐에 따라 문장이 달라지는 것을 알 수 있다. 역자는 앞 문장의 주어를 '사람들'로 since 절의 주어를 흑인으로 잡았다. 그러다 보니 앞 문장은 '사람들은 내기에 많은 돈을 걸지 않았다'로, since 절은 '흑인이 자신감을 잃었기 때문에'로 번역했다. 이 번역문만을 보고 교정한 문장은 이를 다시 '흑인이 자신감을 잃었기 때문인지'로 바꿔놓았다. 이렇게 교정한 이유는, 자신감을 잃었다는 말을 단정적으로 하기보다 추정하듯 표현하는 게 나아 보이기 때문인데, 원문에는 노인이 상대방의 자신감을 꺾어버렸다는 뜻이 있어 엄격히 따지자면 의미가 좀 더 멀어졌다고 볼 수 있겠다.

'앞서 벌어진 경기에서 패배를 경험한'이라는 내용을 덧붙인 것은 문장의 이해를 돕기 위해서인데 이를 두고 누군가는 불필요하다고 생각할 수도 있고, 또 누군가는 적절하다고 생각할 수도 있다. 역자가 자신의 이해를 바탕으로 꼭 필요하다고 생각한다면, 이런 설명을 덧붙일 수도 있다. 다만 이런 설명은 정말, 꼭 필요할 때 해야 하며 역자 임의로 아무 때나 덧붙여서는 안 된다. 원문이 그렇게 쓰인 데에는 저자의 의도가 담겨 있기 때문이다. 여기서는 추가된 내용이 행간에서 충분히 감지할 수 있는 의미이며 이해를 돕는 역할을 하는 것으로 보이기는 해도 원문에 근거해 꼭 필요한 문장이라고 할 순 없을 것 같다. 원문을 보고 다시 교정하면 다음과 같이 바꿔 쓸 수 있다. 재시합에는 내기 돈이 많이 걸려 있지 않았고 승부도 노인의 승리로 싱겁게 끝나버렸다. 첫 시합에서 노인이 시엔푸에고스 출신인 흑인의 자신감을 꺾어버렸기 때문이었다.

'아주 쉽게 이겼다'를 '승부가 싱겁게 끝났다'로 표현했다. 또한 재시합에는 내기 돈이 많이 걸려 있진 않았고, 첫 시합에서 노인이 시엔푸에고스 출신인 흑인의 자신감을 꺾어버렸기 때문에 승부도 노인의 승리로 싱겁게 끝나버렸다라고도 할 수 있다. 물론 또 다른 번역도 가능하나. 같은 의미로 더 매끄러운 표현이 생각나는가? 그럼, 그렇게 번역하면 된다.

실습

원문

After that he had a few matches and then no more. He decided that he could beat anyone if he wanted to badly enough and he decided that it was bad for his right hand for fishing.

> 번역문

그 후에 노인은 몇 번의 시합을 더 했지만, 그 이상은 하지 않았다. 노인은 진정 원한다면 누구도 이길 수 있다고 확신했지만, 팔씨름은 주로 오른손으로 해서 낚시를 위해서는 좋지 않다고 생각했다.

> 교정문

그 후에 노인은 몇 번의 시합을 더 했지만 그 이상은 하지 않았다. 노인은 자신이 정말 원한다면 그 누구도 이길 수 있을 것이라 자신했다. 그러나 팔씨름을 주로 오른손으로 하다 보니 고기를 잡는 데에는 좋지 않을 수도 있다는 생각이 들었다.

> 문장 설명

우리는 decide를 보통 '결정하다' 또는 '결심하다'로 알고 있다. badly는 '나쁘게' '부정하게'라는 뜻으로 생각한다. 그래서 이와 같은 문장을 만나면 번역문을 만들기가 쉽지 않게 느껴진다. 앞서, 이럴 경우에는 사전을 이용해 자신이 알고 있는 의미의 틀을 깨고 단어의 원의(原義)를 이해해야 한다고 말한 바 있다. 이 번역문에서 decide는 '확신하다' '생각하다'로 badly (enough)는 '몹시' '아주 간절히' 등의 의미로 번역할 수 있다. 앞 문장에서 'a few'를 '몇 번 더'로 번역했는데 괜찮은 표현이다. 다만 조금 다르게 문장을 만들어보는 것도 괜찮을 것 같다. '몇 번의 시합'처럼 a few~ 의 구문을 '몇 번의(약간의) 무엇'으로 번역하는 경우가 많은데 이는 번역투 표현이라고 할 수 있다. 그 뒤로 노인은 시합을 몇 번 더 한 뒤 아예 팔씨름을 그만두었다 정도면 될 듯하다. no more를 조금 강하게 표현해보았다. 어떤가.

원문 두 번째 문장에서 and 뒤의 문장은 '노인은 오른손으로 팔씨름을 하는 것은 고기를 잡는 데에 bad하다―여기서 bad는 '나쁘다' '좋지 않다'라는 의미다―

고 생각했다'라는 뜻이다. 그런데 번역문에는 '오른손으로'를 '주로 오른손으로 해서'라고 썼다. 그리고 이를 보고 교정한 문장은 좀 더 완곡하게 '주로 오른손으로 하다 보니'로 썼다. 넓게 보면 가능한 번역이지만 자칫 오역이 될 수도 있는 문장이다. 문제가 될 소지를 줄이려면 좀 더 정확한 교정이 필요해 보인다.

 and의 앞과 뒤 문장을 '그리고'로 이어주는 것도 괜찮지만 의미상 역접이 더 자연스러울 것 같다. but도 그렇지만 and 역시 늘 순접으로 번역해야 하는 것은 아니다. 원문은 순접이 맞고 번역 역시 문제없다 하더라도 우리가 느끼는 어감이 역접이 더 자연스러운 경우에는 역접으로 번역하면 된다. 그 의미가 정확하다면 말이다. 또한 앞 문장과 연결하면 이 부분을 인과의 의미로 표현하는 것도 괜찮을 것이다. 아울러 번역문에는 'fishing'을 '낚시를 하다'로 번역했는데 앞서 설명했듯(1강), 보통 우리 문화에서 '낚시'는 취미로 여기기 쉽지 생업으로는 잘 받아들여지지 않기 때문에 교정문은 이를 '고기를 잡는'이라고 표현했다. 정리하면 다음과 같다. 노인은 자신이 정말 원한다면 그 누구도 이길 수 있을 것이라 자신했지만 오른손으로 팔씨름을 계속하면 고기를 잡는 데에는 좋지 않을 거라 생각했다. 행간에서 느껴지는 '계속하다'라는 의미를 덧붙여보았다. 어떤가. 물론 다른 문장도 가능하다.

실습

> **Tip 7**
>
> 원문에서는 형식상 문장의 나열처럼 보일지 몰라도 의미상 '인과'가 내포된 경우에는 그런 의미로 번역하는 것이 더 자연스럽다. 이 대목 역시, 그 뒤로 팔씨름을 몇 번 한 뒤 더 이상 하지 않았다는 문장 다음에, 오른손으로 팔씨름을 (계속)하면 고기잡이에 좋지 않을 것이라는 문장이 나오기 때문에 '인과관계'를 형성하고 있다고 볼 수 있다. 때로는 과감한 자세가 필요하다.

원문

He had tried a few practice matches with his left hand. But his left hand had always been a traitor and would not do what he called on it to do and he did not trust it.

번역문

그래서 몇 번의 연습 경기 때에 노인은 왼손으로 해보려고 시도했었다. 하지만 왼손은 늘 배신을 했고 요구하는 대로 따라준 적도 없어서 노인은 왼손을 믿지 못했다.

교정문

그래서 연습 경기 몇 번은 왼손을 써보기도 했었다. 하지만 왼손은 늘 기대를 저버렸고 자신의 바람대로 따라준 적이 없어서 노인은 더 이상 왼손을 믿지 않았다.

문장 설명

역자가 try를 '시도하다'라고 번역했는데 여기서는 '해보다'로 보는 게 더 정확하다. 참고로 try to do는 '시도하다(노력하다)'라는 의미가, try+목적어 또는 try doing은 '~을 해보다'라는 의미가 강하지만 구별이 엄격한 것은 아니고 문장의 전후 관계로 판단하면 된다. traitor는 노인의 감정을 이해하고 적절하게 표현하면 될 것이다. 역자는 '배신을 했다'로, 교정문은 '기대를 저버렸다'로 문장을 만들었다. 이 역시 더 자연스러운 문장을 선택하면 된다.

원문 두 번째 문장에서 첫 and를 기준으로 앞의 두 문장은 과거완료 시제이고 뒤의 두 문장은 과거 시제이다. 그리고 이 대목 앞 문장 역시 과거 시제이다. 즉, 문장 흐름이 과거, 과거완료, 과거 시제라는 말이다. 그런데 번역문은 과거 시제 다음에 나오는 이 단락의 첫 문장(과거완료 시제)을 '그래서'(인과)라는 접속부사로 시작했고 교정문 역시 번역문만을 보고 교정했기 때문에 번역문의 시제 흐름을 그대로 따랐다. 그러다 보니 앞 내용과 이 대목의 첫 문장이 내용의 흐름상 순차적으로 진행된 것처럼 보이는데 엄격히 따지면 이는 정확한 번역이라고 할 수 없다. 물론 내용에 큰 차이도 없고 그렇게 번역한다고 해서 문장을 이해하는 데에 어려움이 있는 것도 아니다. 하지만 좀 더 정확한 번역을 위해서라도 문장 시제를 바르게 이해하고 적용하는 것이 중요하다. 따라서 이 경우에는 '그래서'를 넣더라도 팔씨름을 그만두기 전에 '왼손도 써봤었다'는 의미를 살려 표현하는 것이 좋겠다. 바로 그다음 문장 역시 과거완료 시제로 왼손을 사용했'었'을 때의 결과를 표현하면 된다.

call on it to do는 'it이 do하기를 요구하다'라는 의미다. would는 과거의 습성, 반복적 동작의 의미로 '으레 ~했다'로 번역하면 된다. 정리하면 다음과 같다. 그래서 앞서 연습 경기에서는 몇 번 왼손을 써본 적도 있었다. 하지만 왼손은 늘 기대를 저버렸었고 으레 자신의 바람대로 따라주지 않아서 노인은 더 이상 왼손을 믿지 않았다.

실습

원문

The sun will bake it out well now, he thought. It should not cramp on me again unless it gets too cold in the night. I wonder what this night will bring.

> **번역문**

태양은 이제 왼손을 따뜻하게 잘 비춰주겠지, 노인은 생각했다. 밤에 너무 춥지만 않으면 다시는 쥐가 나지 않을 거야. 오늘 밤 기온이 어떨지 궁금하군.

> **교정문**

'햇볕이 왼손을 따뜻하게 해주겠지.' 노인이 생각했다. '밤에 너무 춥지만 않으면 다시는 쥐가 나지 않을 거야. 오늘 밤 기온은 어떨지 궁금하군.'

> **문장 설명**

첫 문장에서 it은 왼손을 의미한다. 역자는 The sun will bake it out well을 '태양이 따뜻하게 비춰준다'고 번역했고 이 문장을 교정자는 '햇볕이 따뜻하게 해준다'라고 손봤다.

bake의 뜻에는 '굽다' '태우다' 또는 '말리다'가 있는데 역자가 이를 '따뜻하게 하다'로 번역한 이유는 바로 뒤 문장에서 기온과 관련한 말이 나오기 때문일 수도 있고 '태우다' 또는 '말리다'가 문맥에 어울리지 않는다고 생각해서일 수도 있다. 문장대로 번역한다면 '이젠 햇볕이 왼손을 완전히 익혀(태워)주겠지', 또는 '이제 왼손은 햇볕에 완전히 구워지겠지' 정도가 되지만 햇볕이 왼손에만 비추는 것은 아니기 때문에 여기서는 (쥐가 난) 왼손의 상황에 어울리게 풀어주는 것이 적절할 것 같다. 게다가 bake에는 뜨거운 열이나 무더위라는 개념도 있기 때문에 정황상 '따뜻하게 하다'라는 의미도 괜찮다고 생각한다. 다만 그렇다 하더라도 '따뜻하게' 정도로 번역하는 건 부족한 듯하고, 좀 더 자연스럽게 번역한다면 이제 왼손은 뜨거운 햇볕에 완전히 풀리겠지 정도가 어떨까 싶다. now는 굳이 번역하지 않아도 되고, out은 '완전히', well은 '충분히'라는 의미이므로, 이런 의미를 넣어 쥐가 났던 왼손이 좋아질 거라는 내용으로 문장을 완성하면 된다.

두 번째 문장은 무난해 보인다. 여기서 it은 모두 비인칭 주어로 보면 된다. unless 이하는 '밤에 너무 춥지만 않는다면'이고, It 이하는 '왼손에 다시는 쥐가 나지 않을 거야'로 보면 될 것이다.

마지막 문장에서 역자는 what을 기온으로 봤고, 교정자 역시 이 문장에서 딱히 교정할 내용이 없어 조사 하나를 제외하고는 그대로 옮겼다. 마지막 문장만 본다면 '오늘 밤에 일어날 일이 궁금하다'로 이해할 수 있지만 앞 문장과의 호응을 감안해 번역문과 교정문처럼 what을 '기온'으로 이해하는 것도 무방하겠다. 다만 이를 드러내기보다 오늘 밤은 어떨지 궁금하군 정도로 번역하는 것이 더 좋을 것 같다.

실습

원문

An airplane passed overhead on its course to Miami and he watched its shadow scaring up the schools of flying fish.

번역문

마이애미로 운항하는 비행기가 노인의 머리 위로 지나갔고, 비행기의 그림자가 날치 떼 몰아내는 것을 지켜보았다.

교정문

노인은 마이애미행 비행기가 자신의 머리 위를 지나면서 만들어 내는 커다란 그림자를 보았다. 그림자에 놀란 날치 떼가 어딘가로 쫓기듯 달아나고 있었다.

> **문장 설명**

passed overhead on its course to Miami는 '마이애미로 가는 항로를 따라 머리 위 하늘을 지나갔다'는 뜻인데 이 구절은 번역문처럼 써도 교정문처럼 써도 상관없다. 역자는 원문에 충실하게 번역하려 했지만 두 번째 문장에서 주어를 생략함으로써 주술 구조가 어긋난 비문이 되었다. 교정자는 이를 좀 더 자연스럽게 교정하기는 했지만 비행기보다 그림자에 초점을 둠으로써 노인의 시야를 한정한 느낌이 든다. and 앞 문장을 그대로 번역하면 '마이애미행 비행기가 노인의 머리 위를 지나갔다'가 되고 and 뒤의 문장을 번역하면 '노인이 비행기가 날치 떼를 겁주어 도망가게 하고(몰아내고) 있는 것을 보았다'가 된다. scare up은 '몰아내다'라는 뜻도 있지만 그대로 문장을 옮기면 원문의 느낌이 잘 살지 않는다. 번역할 때 원문을 잘 이해하면 그 상황을 그려볼 수 있는데, 원문에만 집착하지 말고 그려지는 모습 그대로 우리말로 옮기면 좀 더 자연스러운 문장을 만들 수 있다. 여기서는 '비행기가 머리 위를 날고 있고 비행기가 만들어 내는 그림자에 놀란 날치가 어딘가로 향해 가는 모습'을 우리글로 옮기면 된다. 노인은 자신의 머리 위를 지나가는 마이애미행 비행기를 보았다. 비행기가 만들어 내는 그림자에 놀란 날치 떼가 쫓기듯 달아나고 있었다. 어떤가. 교정문과 비슷하지만 노인의 시선을 시간 흐름에 따라 좀 더 자세히 담아낸 문장이다. 교정문에 들어간 '커다란'은 비행기가 떠 있는 높이에 따라 자연스러운 표현일 수도 있고 틀린 표현이 될 수도 있지만 날치 떼 입장에서는 적절한 표현인 것 같다. watch는 '보다'는 뜻 대신 그 상황을 설명하는 것으로 갈음했다. 이처럼 원문에 있는 단어를 꼭, 곧이곧대로 번역할 필요는 없다. 의미가 통한다면 과감하게 자신의 글을 써보라.

> **실습**

원문

"With so much flying fish there should be dolphin," he said, and leaned back on the line to see if it was possible to gain any on his fish.

번역문

"많은 날치가 날고 있는 곳에 만새기가 있을 텐데." 노인은 말하면서 물고기를 끌어 올릴 가능성이 있는지 알아보려고 낚싯줄을 뒤로 젖혔다.

교정문

"이렇게 날치가 많다면 분명 가까운 곳에 만새기가 있을 텐데." 이렇게 말하면서 노인은 자신이 잡고 있는 물고기를 끌어 올릴 수 있을지 알아보려고 낚싯줄을 당겨보았다.

문장 설명

날치의 유영을 날고 있다고 표현했는데 일면 이해가 되기도 하지만, 확실히 과한 표현이다. 여기서는 '날다'라는 단어뿐 아니라 그 외에 동작을 나타내는 어떤 단어도 사실상 꼭 필요한 건 아니다. 그냥 '날치가 저렇게 많다면' 정도면 될 것이다. with는 조건의 의미로, '~이 있다면' '만일 ~하다면'으로 번역하면 된다. so much는 '아주 많이' 또는 '그토록 많이'로 번역하면 되는데 이런 광경을 목격한 상황에서는 '저렇게 많이'가 적절할 것 같다. lean back은 '뒤로 젖히다' 또는 '(등을) 기대다'의 의미를 지닌다. see if는 '~인지 알아보다(여부를 확인하다)', gain any on his fish는 '(자신이 잡고 있는) 물고기를 조금이라도 끌어 올리다'라는 뜻이다. 이를 이어보면 '노인은 (자신이 잡고 있는) 물고기를 조금이라도 끌어 올릴 수 있는지 알아보기 위해 (등에 감긴) 줄에 몸을 기대었다'라는 문장이 되고 이를 이해하기 쉽게 풀면 '노인은 ~ (등에 감긴) 줄을, 몸을 젖혀 당겨보았다'로 바꿔 쓸 수 있다. 정리하면 다음과 같다. "저렇게 날치가 많다면 분명 가까운 곳에 만새기가 있을 텐데." 이렇게 말하며 노인은 자신이 잡고 있는 물고기를 조금이라도 끌어 올릴 수 있을지 알아보기 위해 몸을 뒤로 젖혀 줄을 당겨보았다.

실습

원문

But he could not and it stayed at the hardness and water-drop shivering that preceded breaking. The boat moved ahead slowly and he watched the airplane until he could no longer see it.

번역문

그렇지만 노인에겐 역부족이었고 놈은 단단히 굳은 채로 가만히 있었다. 끊어지기 직전까지 당겨진 낚싯줄이 떨려 물방울이 날렸다. 배는 앞으로 천천히 움직였고 노인은 비행기가 더는 보이지 않을 때까지 지켜보았다.

교정문

하지만 노인에겐 역부족이었다. 놈은 단단히 정말 굳은 듯이 가만히 있었다. 끊어지기 직전까지 당겨진 낚싯줄이 떨리면서 물방울이 튀었다. 배는 앞으로 천천히 움직였고 노인은 비행기가 더 이상 보이지 않을 때까지 하늘을 쳐다보았다.

문장 설명

But he could not을 역자는 '노인에겐 역부족이었고'라고 표현했다. 좋다. 또는 '줄은 조금도 당겨지지 않았다'라고 해도 좋을 것이다. it stayed at the hardness

에서 it은 '줄'을 말하고 전치사 at은 상태를 나타낸다. 이는 '줄이 단단히 굳은 상태로 있었다'는 뜻으로, '꿈쩍도 하지 않았다'는 의미로 보면 된다. water-drop shivering that preceded breaking에서 that은 관계대명사이고 선행사는 water-drop shivering이다. 번역문은 shiver를 '날리다'로 번역했고 이를 보고 교정문에서는 물방울이 '튀다'로 썼는데 이 표현도 괜찮지만 단어의 원뜻에 좀 더 충실하게 번역하면, 팽팽한 줄에 매달려 있는 물방울을 떠올려 '떨다' 또는 '흔들리다'로 번역하는 게 좋겠다. preceded breaking은 '끊어지기 전'의 뜻으로 '끊어질 듯 팽팽하다'로 이해하면 된다. 따라서 이 구는 '끊어질 듯 팽팽한 줄에 달린 물방울의 떨림'이라는 뜻으로 보고 이를 and 앞의 it stayed at과 연결해 번역하면 된다. 원문은 '줄이 어떤 상태에 있다'라는 뜻이지만 '줄이 끊어질듯 팽팽해지면서 (줄에 달려 있는) 물방울이 흔들리는(떨리는) 모습'을 노인의 시각으로 묘사하듯 번역해도 좋겠다. '물방울이 흔들리는'은 (줄은 꿈쩍 않고) '물방울만 흔들리는'으로 번역해도 괜찮아 보인다.

The boat moved ahead slowly는 '배는 (계속해서) 천천히 앞으로 나아갔다'로 번역하면 된다. he watched the airplane until he could no longer see it을 번역문에서는 '노인은 비행기가 더는 보이지 않을 때까지 지켜보았다'로, 교정문에서는 '노인은 비행기가 더 이상 보이지 않을 때까지 하늘을 쳐다보았다'라고 썼다. 둘 다 나쁘지 않지만 '노인은 비행기가 시야에서 사라질 때까지 계속해서 비행기를 쳐다보았다'로 하면 적절할 듯하다. 정리하면 다음과 같다. 노인은 줄을 한 치도 당길 수 없었다. 줄은 꿈쩍도 하지 않고 끊어질 듯 팽팽해진 채 줄에 달린 물방울만 흔들리고 있었다. 배는 천천히 앞으로 나아갔고 노인은 비행기가 시야에서 사라질 때까지 계속해서 비행기를 쳐다보았다.

실습

최종 교정 예시

　팔씨름에서 이긴 뒤로 사람들은 오랫동안 노인을 챔피언이라 불렀다. 그리고 봄에 재시합이 열렸다. 재시합에는 내기 돈이 많이 걸려 있지 않았고, 첫 시합에서 노인이 시엔푸에고스 출신인 흑인의 자신감을 꺾어버렸기 때문에 승부도 노인의 승리로 싱겁게 끝나버렸다. 그 뒤로 노인은 시합을 몇 번 더 한 뒤 아예 팔씨름을 그만두었다. 자신이 정말 원한다면 그 누구에게도 이길 수 있을 것이라 자신했지만 오른손으로 팔씨름을 계속하면 고기를 잡는 데에는 좋지 않을 거라 생각했기 때문이다. 그래서 앞서 연습 경기에서는 몇 번 왼손을 써본 적도 있었다. 하지만 왼손은 늘 기대를 저버렸었고 으레 자신의 바람대로 따라주지 않아서 노인은 더 이상 왼손을 믿지 않았다.

　'이제 왼손은 뜨거운 햇볕에 완전히 풀리겠지.' 노인은 생각했다. '밤에 너무 춥지만 않다면 왼손에 다시는 쥐가 나지 않을 기야. 오늘 밤은 어떨지 궁금하군.'

　노인은 자신의 머리 위를 지나가는 마이애미행 비행기를 보았다. 비행기가 만들어 내는 커다란 그림자에 놀란 날치 떼가 쫓기듯 달아나고 있었다.

　노인은 "저렇게 날치가 많다면 분명 가까운 곳에 만새기가 있을 텐데"라고 말하며 자신이 잡고 있는 물고기를 조금이라도 끌어 올릴 수 있을지 알아보기 위해 몸을 뒤로 젖혀 줄을 당겨보았다. 하지만 줄은 한 치도 당겨지지 않았다. 줄은 꿈쩍도 하지 않고 끊어질 듯 팽팽해진 채 줄에 달린 물방울만 흔들리고 있었다. 배는 천천히 앞으로 나아갔고 노인은 비행기가 시야에서 사라질 때까지 계속해서 비행기를 쳐다보았다.

교정에 익숙해지기 2

It must be very strange in an airplane, he thought. I wonder what the sea looks like from that height? They should be able to see the fish well if they do not fly too high. I would like to fly very slowly at two hundred fathoms high and see the fish from above. In the turtle boats I was in the cross-trees of the mast-head and even at that height I saw much. The dolphin look greener from there and you can see their stripes and their purple spots and you can see all of the school as they swim. Why is it that all the fast-moving fish of the dark current have purple backs and usually purple stripes or spots? The dolphin looks green of course because he is really golden. But when he comes to feed, truly hungry, purple stripes show on his sides as on a marlin. Can it be anger, or the greater speed he makes that brings them out?

Just before it was dark, as they passed a great island of Sargasso weed that heaved and swung in the light sea as though the ocean were making love with something under a yellow blanket, his small line was taken by a dolphin. He saw it first when it jumped in the air, true gold in the last of the sun and bending and flapping wildly in the air. It jumped again and again in the acrobatics of its fear and he worked his way back to the stern and crouching and holding the big line with his right hand and arm, he pulled the dolphin in with his left hand, stepping on the gained line each time with his bare left foot.

height 높이, 고도, 절정
fathom 패덤(길이 단위, 약 1.83미터), 깊이를 재다, 간파하다
turtle 거북, 자라
cross-tree 돛대 상부의 가로장
mast-head 돛대 꼭대기, (신문, 잡지 등의)발행인란
stripe 줄무늬, 줄, ~에 줄무늬를 넣다
purple 자줏빛의, 자주색, 보라색, 추기경의 직, 왕위
spot 장소, 지위, 반점, 점, 얼룩
current 지금의, 현행의, 통용하는, 흐름, 조류, 해류
marlin 청새치
bring out ~을(를) 꺼내다, 폭로하다, 시장에 내놓다, 상연하다
Sargasso weed 사르가소 해 해초(모자반속 해초)
heave (들어)올리다, ~을(를) 움직이다, 끌어당기다, 융기하다, 굽이치다
blanket 담요, ~을(를) 담요로 덮다
bend 구부리다, 굽히다, 향하다, 구부러지다, 굽다, 굽히다
flap 펄럭이다, 퍼덕거리다, 찰싹 치다, 찰싹 때림(때리는 소리), 퍼덕임
wildly 거칠게, 야생으로, 심하게
acrobatic 곡예적인, 곡예의
fear 무서움, 근심, 두려움, 두려워하다, 염려하다
stern 고물(선미), 후부, 배후, 엄격한, 가혹한, 단호한
crouch 쭈그리다, 몸을 웅크리다, 허리를 굽히다, 숙이다

step 발을 내디디다, 걸음을 옮기다, 걸음, 발자국, 노정, 단계, (계단 등의) 단, 디딤대
bare 벌거벗은, 없는, 숨기지 않는, 드러내다, 제거하다, 털어놓다

> 번역문

    비행기를 타고 내려다보면 진짜 이상하게 보일 거라고 노인은 생각했다. 노인은 비행기가 떠 있는 높이에서 보이는 바다의 모습이 궁금했다. 더 높게 날지만 않는다면 물고기를 잘 볼 수 있을 것이다. 노인은 아주 천천히 1200피트 정도의 높이로 날아 올라서 위에서 물고기를 보고 싶었다. 내가 거북이잡이 배를 탔을 때 돛대 꼭대기에 있는 돛대 가로장까지 올라가봤는데 그 정도 높이에서도 많은 것들이 보였지. 그 높이에서 본 만새기는 더 짙은 초록색으로 보인다. 만새기의 줄무늬와 보라색 반점도 보이고, 헤엄치고 있는 만새기 떼 전체가 모두 내려다 보인다. 왜 깊고 푸른 바다 속을 빠르게 헤엄치는 물고기들은 등이 보라빛이고 대부분 보라색 줄무늬나 반점이 있는 걸까? 물론 만새기는 원래 황금색이라서 초록색으로 보인다. 하지만 너무 굶주려 먹이를 먹을 때 가까이 보면 청새치 몸에 있는 무늬처럼 몸 옆구리에 줄무늬가 보인다. 만새기가 보라색 줄무늬를 보이는 것은 화가 난 걸까, 아니면 더 빨리 헤엄치기 때문일까?

    날이 어두워시기 직전에 거내한 사르가소 해의 수면에 띠솔라 있는 사르가소 해초섬 옆을 지나게 되었다. 해초는 마치 바다가 노란빛 담요를 덮고 무언가와 사랑을 나누는 듯한 모습으로 가볍게 일렁이는 수면 위를 오르내리며 흔들렸다.

    그때 노인의 짧은 낚시줄에 만새기가 걸렸다. 노인은 그 녀석이 공중으로 뛰어 올라 지는 햇살 속에서 선명한 황금빛으로 빛나며 격렬하게 몸을 뒤틀어 생의 마지막 몸부림을 치는 모습을 보자 만새기가 낚시줄에 걸린 것을 알았다. 그 녀석은 겁에 질려 곡예하듯 계속해서 뛰어 올랐다. 노인은 오른손과 팔로 긴 낚시줄을 잡고 주저앉아 배 뒤쪽으로 뒷걸음쳐 되돌아 가려고 안간힘을 썼다. 그리고 당겨 올라오는 줄을 바로 바로 벗은 왼쪽 발로 밟아 나가면서 왼손으로 만새기를 끌어 올렸다.

> 교정문

비행기 안에서 아래를 내려다보면 정말 이상할 것 같다고 노인은 생각했다. 노인은 문득 비행기가 떠 있는 높이에서 보이는 바다의 모습이 궁금했다. 더 높이 날지만 않는다면 물고기를 잘 볼 수 있을 것이다. 노인은 천천히 370m 정도의 높이로 날아올라 그 위에서 물고기를 보고 싶었다. 내가 거북잡이 배를 타던 때, 돛대 꼭대기에 있는 가로장까지 올라가본 적이 있는데 그 정도 높이에서도 많은 것들이 보였지. 그 높이에서 보면 만새기의 색은 더 짙은 초록색으로 보인다. 줄무늬와 보라색 반점도 보이고, 헤엄치는 만새기 떼 전체가 모두 내려다보인다. 깊은 바닷속을 빠르게 헤엄치는 물고기들은 왜 등이 보랏빛을 띠고, 대부분 보라색 줄무늬나 반점이 있는 걸까? 물론 만새기는 원래 황금색이라서, 위에서 보면 초록색으로 보이는 것이긴 하다. 하지만 만새기가 너무 굶주려 먹이를 먹을 때 가까이 보면 청새치 몸에 있는 무늬처럼 몸 옆구리에 줄무늬가 보인다. 만새기가 보라색 줄무늬를 보이는 것은 화가 난 걸까, 아니면 더 빨리 헤엄치기 때문일까?

날이 어두워지기 직전에 노인은 거대한 사르가소 해의 수면에 떠올라 있는 사르가소 해초섬 옆을 지나게 되었다. 해초는 마치 바다가 노란빛 담요를 덮고 누군가와 사랑을 나누는 듯, 가볍게 일렁이는 수면 위에서 이리저리 흔들렸다.

그때 노인의 짧은 낚싯줄에 만새기가 걸렸다. 그 녀석이 물 밖으로 뛰어올라 지는 햇살 속에서 선명한 황금빛을 띠며 격렬하게 몸을 뒤틀어 생의 마지막 몸부림을 치는 모습을 보면서 노인은 만새기가 낚싯줄에 걸린 것을 확인했다. 그 녀석은 겁에 질려 곡예하듯 계속해서 뛰어올랐다. 노인은 오른손으로 줄을 잡고 앉아 배 뒤쪽으로 뒷걸음쳐 되돌아가려 했다. 그리고 왼손으로는 줄을 당기고 맨발인 왼쪽 발로 그 줄을 밟아 나가면서 만새기를 끌어 올렸다.

> 원문

It must be very strange in an airplane, he thought. I wonder what the sea looks like from that height? They should be able to see the fish well if they do not fly too high.

> 번역문

비행기를 타고 내려다보면 진짜 이상하게 보일 거라고 노인은 생각했다. 노인은 비행기가 떠 있는 높이에서 보이는 바다의 모습이 궁금했다. 더 높게 날지만 않는다면 물고기를 잘 볼 수 있을 것이다.

> 교정문

비행기 안에서 아래를 내려다보면 정말 이상할 것 같다고 노인은 생각했다. 노인은 문득 비행기가 떠 있는 높이에서 보이는 바다의 모습이 궁금했다. 더 높이 날지만 않는다면 물고기를 잘 볼 수 있을 것이다.

> 문장 설명

이 대목은 앞(11강 참고)에서 보듯 머리 위로 비행기가 지나가는 상황에서 노인이 생각하는 내용이다. 번역문은 It must be very strange in an airplane을 '비행기를 타고 내려다보면 진짜 이상하게 보일 거'라고 했고, 교정문은 '비행기 안에서 아래를 내려다보면 정말 이상할 것 같다'고 했다. 앞뒤 문맥에서 유추할 수 있는 내용이긴 하나 여기서는 원문대로 비행기를 타면 정말 이상할 거야라고 번역해야 한다.

두 번째 문장의 I wonder~로 보았을 때 이 단락 전체는 작은따옴표를 활용하는 게 좋겠다. I wonder what the sea looks like from that height?는 형태만으로는 간접의문문을 포함한 평서문이지만 물음표가 있으므로 의문문처럼 번역하면 된다. 역자는 이를 '노인은 비행기가 떠 있는 높이에서 보이는 바다의 모습이 궁금했다'라고 번역했고 교정문은 좀 더 자연스러운 표현을 위해 문장에 부사어 '문득'이란 단어를 첨가했다. 하지만 원문의 의미를 살린다면 저 높이에서 내려다보는 바다는 어떤 모습일지 궁금한걸? 정도면 무난할 것 같다.

They should be able to see the fish well if they do not fly too high에서 They는 (비행기에 탄) 일반 사람들로 보면 되고 should는 '~일 것이다'로 번역하면 되겠다. the fish는 물고기들을 총칭한다고 봐야 할 것 같다. 높은 곳(더 멀리)에서 더 넓은 면적이 보이는 상황으로 이해하면 된다. 그러나 번역문과 교정문에서 모두 이를 '물고기'로 표현해서 그런지 약간 애매한 느낌이 든다. 원문을 보면 너무 높이 날지만 않는다면 물고기들을 잘 볼 수 있을 거야 또는 너무 높이 날지만 않는다면 물고기들이 잘 보일 거야 정도가 괜찮겠다.

실습

원문

I would like to fly very slowly at two hundred fathoms high and see the fish from above. In the turtle boats I was in the cross-trees of the mast-head and even at that height I saw much.

번역문

노인은 아주 천천히 1200피트 정도의 높이로 날아 올라서 위에서 물고기를 보고 싶었다. 내가 거북이잡이 배를 탔을 때 돛대 꼭대기에 있는 돛대 가로장까지 올라가봤는데 그 정도 높이에서도 많은 것들이 보였지.

교정문

노인은 천천히 370m 정도의 높이로 날아올라 그 위에서 물고기를 보고 싶었다. 내가 거북잡이 배를 타던 때, 돛대 꼭대기에 있는 가로장까지 올라가본 적이 있는데 그 정도 높이에서도 많은 것이 보였지.

> 문장 설명

　　fathom(패덤)은 길이 단위로 약 1.83m인데 번역문에는 이를 '피트'로 바꿨다. 하지만 앞서 간략하게 언급했듯 모든 단위는 우리가 사용하는 단위로 바꿔야 한다. 즉, 단위도 번역해야 한다는 말로 받아들이면 된다. 아울러 단위를 바꾸는 것에 그치는 것이 아니라 수치도 좀 더 자연스럽게 바꿀 수 있다. 교정문처럼 거의 정확한 수치로 번역해도 되지만 이 경우에는 우리에게 익숙한 관용적인 표현 방식으로 수치를 밝히면 된다. 예컨대, 50 단위, 경우에 따라 100 단위로 끊어서 표현하는 것이다. '350여 미터', 또는 '400미터쯤' 정도로 말이다. 물론 전문 서적이나 논문 등 정확한 수치를 표기해야 하는 경우에는 당연히, 가능한 한 정확히 표현해야 한다. 하지만 이 경우는 정확한 표기보다 관용적인 표현이 더 자연스럽다. 다만 그렇게 하더라도 원문을 크게 벗어나지 않는 범위에서 표현해야 한다.

　　번역문을 보면, 첫 문장 fly very slowly at two hundred fathoms high가 '아주 천천히 1200피트 정도의 높이로 날아 올라서'로 번역되어 있다. 번역문을 손본 교정문 역시 '천천히 370m 정도의 높이로 날아올라'라고 했다. 하지만 이 문장은 정확한 번역이라고 할 수 없다. 번역문과 교정문 은 '오르는 속도가 느리다'는 의미로 받아들여질 문장이지만 실제 원문은 천천히 오르는 게 아니라 '천천히 나는(fly very slowly)' 것이기 때문이다. 따라서 이 문장은 '350여 미터 되는 상공을 천천히 날면서~' 정도로 번역하면 되겠다.

　　and see the fish from above는 '그 위에서 물고기들을 보다'는 뜻으로 and 앞 문장과 연결해 번역문을 만들면 된다. 참고로 번역문의 '날아 올라서'는 띄어쓰기 오류다. 그래서 교정문에서 '날아올라'라고 고쳤다. 한글(흔글)이나 워드(Word) 중 어느 프로그램을 쓰든 기본적인 맞춤법 교정 기능이 있어서 문법이 틀리면 빨간색 또는 초록색 줄이 그어지는데, 번역하고 난 뒤엔 이런 표시를 잘 보고 문법이 틀린 표현은 고쳐야 한다. 가끔 틀리지 않았는데도 줄이 그어지는 경우가 있고, 문법적으로는 오류이지만 일부러 그렇게 쓰는 경우도 존재한다.

두 번째 문장은 and의 앞뒤로 두 문장이 병렬되어 있다. even은 번역문과 교정문처럼 '~에서도'로 보면 되겠다. 익숙지 않은 어휘만 해결한다면 번역하는 데 무리는 없어 보인다.

실습

원문

The dolphin look greener from there and you can see their stripes and their purple spots and you can see all of the school as they swim. Why is it that all the fast-moving fish of the dark current have purple backs and usually purple stripes or spots?

번역문

그 높이에서 본 만새기는 더 짙은 초록색으로 보인다. 만새기의 줄무늬와 보라색 반점도 보이고, 헤엄치고 있는 만새기 떼 전체가 모두 내려다 보인다. 왜 깊고 푸른 바다 속을 빠르게 헤엄치는 물고기들은 등이 보라빛이고 대부분 보라색 줄무늬나 반점이 있는 걸까?

교정문

그 높이에서 보면 만새기의 색은 더 짙은 초록색으로 보인다. 줄무늬와 보라색 반점도 보이고, 헤엄치는 만새기 떼 전체가 모두 내려다보인다. 깊은 바닷속을 빠르게 헤엄치는 물고기들은 왜 등이 보랏빛을 띠고, 대부분 보라색 줄무늬나 반점이 있는 걸까?

> 🔶 **문장 설명**

첫 줄 there는 '거북(이)잡이 배 돛대 꼭대기의 가로장'을 의미한다. you는 일반적인 사람을 뜻하기 때문에 굳이 번역할 필요 없이 번역문이나 교정문처럼 번역하면 되겠다. you can see all of the school as they swim을 번역문에서는 '헤엄치고 있는 만새기 떼 전체가 모두 내려다 보인다'로 번역했고, 교정문에서는 '헤엄치는 만새기 떼 전체가 모두 내려다보인다'로 교정했다. 하지만 여기서는 as를 '~할 때'의 뜻으로 보고 만새기가 떼를 지어 이동할 때에는 그 전체가 다 내려다보인다로 번역하는 게 더 적절할 것 같다.

fast-moving은 '빨리 움직이는' 또는 '고속의'라는 뜻인데 번역문과 교정문은 '빠르게 헤엄치는'으로 표현했다. 괜찮다. dark current를 역자는 '깊고 푸른 바다 속'으로, 교정자는 '깊은 바닷속'으로 표현했다. 원문만 보자면 '어두운 바다' 또는 '짙은 바다' 정도가 되겠으나 의미상으로는 '깊은 바다'가 적절해 보인다. Why is it that~은 'that~은 왜일까?'로 이해하면 된다. 번역문에서 '보라빛'은 '보랏빛'이 맞는 표기다. 참고로 여기서는 dolphin을 복수로 썼기 때문에 동사 look과 소유격 their가 쓰였고 바로 다음 실링 문장에서는 dolphin을 단수로 써서 동사 looks와 대명사 he가 쓰였다. 하지만 여기서는 굳이 이런 차이를 드러내어 번역할 필요는 없어 보인다.

실습

> 원문

The dolphin looks green of course because he is really golden. But when he comes to feed, truly hungry, purple stripes show on his sides as on a marlin. Can it be anger, or the greater speed he makes that brings them out?

> 번역문

물론 만새기는 원래 황금색이라서 초록색으로 보인다. 하지만 너무 굶주려 먹이를 먹을 때 가까이 보면 청새치 몸에 있는 무늬처럼 몸 옆구리에 줄무늬가 보인다. 만새기가 보라색 줄무늬를 보이는 것은 화가 난 걸까, 아니면 더 빨리 헤엄치기 때문일까?

> 교정문

물론 만새기는 원래 황금색이라서, 위에서 보면 초록색으로 보이는 것이긴 하다. 하지만 만새기가 너무 굶주려 먹이를 먹을 때 가까이 보면 청새치 몸에 있는 무늬처럼 몸 옆구리에 줄무늬가 보인다. 만새기가 보라색 줄무늬를 보이는 것은 화가 난 걸까, 아니면 더 빨리 헤엄치기 때문일까?

> 문장 설명

of course는 우리가 흔히 알고 있는 의미인 '물론'으로 번역하는 것이 가장 적절할 것 같다. 역자는 첫 문장을 원문대로 옮기고, 교정자는 번역문을 좀 더 이해하기 쉽게 손봤다. 사실 색 조합을 알지 못하는 사람은 첫 문장을 이해하기 어려울 것이다. 이런 경우, 원문 그대로 번역하는 것이 틀린 것은 아니나, 독자가 읽으면서 자연스럽게 이해하도록 좀 더 친절하게 번역하는 것도 좋다. 예컨대, 물론 만새기는 실제 금색이지만 그 색이 짙은 바닷물을 통과하면서 초록색으로 보이는 것이다라고 말이다. 물론 이 내용(색의 혼합)이 실제 맞는지는 확인해야 한다. 그리고 이것이—노란색(금색)과 파란색을 섞으면 초록색이 된다—맞다는 정보를 확보했다면 이처럼 좀 더 친절하게 번역하는 것도 좋다고 생각한다. because의 뜻은 '때문에(원인)'이지만 지금 예를 든 문장처럼 번역하면 이미 그 안에 원인이 담겨 있기 때문에 굳이 그 의미를 드러내지 않아도 된다.

truly hungry는 '정말 배고파서' 정도로 번역하면 되고 he comes to feed는 문장 그대로 '먹으러 온다'로 보아야 한다. 하지만 번역문에서는 이를 '너무 굶주려 먹이를 먹을 때 가까이 보면'으로 번역했고, 원문을 확인하지 않고 국문만을 보고 손본 교정자는 큰 문제를 못 느끼고 이를 그대로 두었다. 사실 먹이를 먹으러 온다는 말은 수면으로 올라온다는 뜻이고 그러면 그 모습을 가까이에서 목격할 수 있을 테니 번역문처럼 쓰는 것도 무리는 없어 보인다. 그러나 이 경우는 자칫 의미를 왜곡할 수 있다. 독자들은 이 문장을 '만새기가 아주 배고파하며 뭔가를 먹을 때에는 늘 그렇게 보이는' 것으로 받아들일 수 있기 때문이다. 하지만 원문은 그런 의미로 이해할 문장이 아니다. 이 문장을 보면 행간에 만새기가 수면으로 올라올 때에는 그만큼 배가 고프기 때문이라는 의미가 내재되어 있다. 따라서 come을 '가까이 보면'으로 번역하면 안 되고 앞서 말했듯이 '수면으로 올라온다'로 번역해야 한다. 번역문을 보면 purple stripes를 그냥 '줄무늬'라고 했는데 아마도 purple을 누락한 게 아닐까 싶다. his sides는 만새기의 옆면을, as는 '~처럼'으로 번역하면 된다. 정리하면 만새기가 정말 배고파서 먹이를 먹으러 수면으로 올라올 때 보면 청새치처럼 옆면에 자주색(보라색) 줄무늬가 보인다로 번역할 수 있다.

Can it be anger, or the greater speed he makes that brings them out?은 It can be anger, or the greater speed he makes that brings them out의 의문문이다. 즉 it (can) be ~ that 구조이다. brings them out에서 them은 purple stripes를 말하고 bring out은 '내놓다' '드러내다' '끌어내다'의 뜻으로, 번역문이나 교정문처럼 '보라색 줄무늬를 보이는'의 의미로 번역하면 된다. 이 문장의 전체 구조는 'that 이하는 anger, or the greater speed (he makes)일까?'가 되겠다. he makes 앞에는 관계대명사가 생략된 것으로 '만새기가 만들어 내는 더 빠른 속도'

로 이해하면 되는데 여기서 비교의 의미는 굳이 드러내지 않아도 될 것이다. 정리하면 보라색 줄무늬가 보이는 건, (너무 배가 고파) 화가 나서일까, 아니면 빠른 속도 때문일까?로 번역할 수 있다.

번역문에 '때문일까?'라는 오타가 있다. 번역하다가 키보드를 잘못 누르는 경우는 충분히 있을 수 있는 일이지만 번역을 마친 뒤 결과물을 의뢰처에 납품하기 전에는, 가능한 한 철저히 검토하고 수정을 요구하는 줄(빨간 줄 등)이 그어 있는 부분은 한 번 더 확인해야 한다.

실습

원문

Just before it was dark, as they passed a great island of Sargasso weed that heaved and swung in the light sea as though the ocean were making love with something under a yellow blanket, his small line was taken by a dolphin. He saw it first when it jumped in the air, true gold in the last of the sun and bending and flapping wildly in the air.

번역문

날이 어두워지기 직전에 거대한 사르가소 해의 수면에 떠올라 있는 사르가소 해초섬 옆을 지나게 되었다. 해초는 마치 바다가 노란빛 담요를 덮고 무언가와 사랑을 나누는 듯한 모습으로 가볍게 일렁이는 수면 위를 오르내리며 흔들렸다.

그때 노인의 짧은 낚시줄에 만새기가 걸렸다. 노인은 그 녀석이 공중으로 뛰어올라 지는 햇살 속에서 선명한 황금빛으로 빛나며 격렬하게 몸을 뒤틀어 생의 마지막 몸부림을 치는 모습을 보자 만새기가 낚시줄에 걸린 것을 알았다.

> 교정문

날이 어두워지기 직전에 노인은 거대한 사르가소 해의 수면에 떠올라 있는 사르가소 해초섬 옆을 지나게 되었다. 해초는 마치 바다가 노란빛 담요를 덮고 누군가와 사랑을 나누는 듯, 가볍게 일렁이는 수면 위에서 이리저리 흔들렸.

그때 노인의 짧은 낚싯줄에 만새기가 걸렸다. 그 녀석이 물 밖으로 뛰어올라 지는 햇살 속에서 선명한 황금빛을 띠며 격렬하게 몸을 뒤틀어 생의 마지막 몸부림을 치는 모습을 보면서 노인은 만새기가 낚싯줄에 걸린 것을 확인했다.

> 문장 설명

just before는 '가까이' 또는 '바로 전'이라는 의미다. they는 노인과 물고기를 가리키지만 '노인' 또는 '배'로 번역해도 무방할 것 같다. sargasso는 그 자체가 모자반속 해초라는 뜻이 있는 단어인데 여기서는 첫 글자가 대문자로 시작하기 때문에 '사르가소 해'라는 뜻으로 보고 Sargasso weed는 '사르가소 해의 해초'로 번역하는 게 더 정확하다.—하지만 이 역시 결국 '모자반속 해초'를 말하는 것이다. as 이후 blanket까지는 as에 걸리는 문장으로서 '~할 때'로 번역하고, 그 뒤의 his ~ dolphin은 수동 표현이지만 결국 '만새기가 낚싯줄에 걸렸다'는 의미로 보면 된다. 즉 '~할 때(as)에 만새기가 잡혔다(taken by a dolphin)'로 문장을 만들면 되는 것이다. 하지만 문장이 길거나 한 문장으로 번역문을 만들기 쉽지 않은 경우에는 상식적인 허용 범위에서 문장을 나눌 수도 있기 때문에 번역문처럼 나누어 번역하는 것도 괜찮다고 생각한다. 따라서 that 이하가 Sargasso weed를 수식하지만 번역문과 교정문처럼 Sargasso weed를 먼저 번역하여 한 문장을 완성하고 that 이하는 이를 설명하는 내용으로 문장을 만들어도 좋다.

yellow는 단순히 '노란빛'이라고 번역하기보다는 앞서 8강 2번 예문에서 언급했듯이 정보를 검색한 뒤 실제 사르가소 해 해초—모자반속 해초—색을 감안해서 '누런' 또는 '누르스름한'으로 번역하는 게 더 좋을 것 같다. light sea는 ocean과의 번역어 중복을 피하기 위해 번역문처럼 '가볍게 일렁이는 수면' 정도로 표현하면 될 것이다.

a great island of Sargasso weed가 번역문에는 '거대한 사르가소 해의 수면에 떠올라 있는 사르가소 해초섬'이라고 번역되어 있는데 이 경우 '거대한'이 수식하는 대상이 사르가소 해인지 해초섬인지 모호하기 때문에 이 문장은 교정이 필요하다. 하지만 원문을 보지 않고 손본 교정문에도 역시 이 문장을 그대로 썼다. 앞서 몇 번 보았겠지만, 교정에 원문 검토가 필요한 이유가 바로 이 때문이다. heaved and swung은 앞서 설명한 내용과 연결해 '가볍게 일렁이는 수면을 따라 높아졌다 낮아졌다를 반복하며 이리저리 흔들렸다'로 번역하면 적당할 것 같다. small line에서 small은 번역문처럼 '짧은'으로 번역하는 게 좋겠다. 이를 정리하면 다음과 같다. 날이 어두워지기 직전에 노인은 사르가소 해에 떠 있는 거대한 해초섬 옆을 지나게 되었다. 해초섬은 마치 바다가 누런 담요 밑에서 무언가와 사랑을 나누는 듯 가볍게 일렁이는 수면을 따라 높아졌다 낮아졌다를 반복하며 이리저리 흔들렸다. 그때 노인의 짧은 낚싯줄에 만새기가 걸렸다.

그다음 문장에서, first는 부사로 '먼저'라는 의미로 이해하면 되는데 번역문에는 이를 드러내지 않았다. 여기서는 번역문처럼 굳이 살리지 않아도 되고, 상황과 장면에 좀 더 어울리게 번역해도 된다. 앞의 in the air를 번역문에서는 '공중으로'로 옮겼고 교정문에서는 이를 '물 밖으로'로 고쳤는데 교정문이 더 자연스러워 보인다. 문미의 in the air는 그와는 다르게 '허공에서'가 적당할 것 같다. 이처럼 같은 문구라도 상황에 따라 다른 어휘를 쓸 수 있다.

in the last of the sun은 '해 질 무렵의 광경'을 생각하고 번역하면 된다. when it jumped in the air를 제외하고는 see가 이 문장의 동사이며, it(만새기), true gold(선명한 금빛), (its) bending and flapping((만새기가 몸을) 구부리며 퍼덕거리는 모습)을 보이는 순서에 따라 순차적으로 자연스럽게 번역하면 된다. wildly는 '거칠게'로 번역해도 되지만 유사한 뜻의 다른 어휘도 괜찮다. 정리하면 다음과 같다. 곧 노인의 눈에 만새기가 물 밖으로 튀어 오르는 모습이 보였다. 해 질 무렵 비치는 햇살 속에서 만새기는 선명한 금빛을 드러내며, 허공에서 온몸을 비틀며 퍼덕거렸다. 어떤가. 비교해보라.

실습

원문

It jumped again and again in the acrobatics of its fear and he worked his way back to the stern and crouching and holding the big line with his right hand and arm, he pulled the dolphin in with his left hand, stepping on the gained line each time with his bare left foot.

번역문

그 녀석은 겁에 질려 곡예하듯 계속해서 뛰어 올랐다. 노인은 오른손과 팔로 긴 낚시줄을 잡고 주저앉아 배 뒤쪽으로 뒷걸음쳐 되돌아 가려고 안간힘을 썼다. 그리고 당겨 올라오는 줄을 바로 바로 벗은 왼쪽 발로 밟아 나가면서 왼손으로 만새기를 끌어 올렸다.

교정문

그 녀석은 겁에 질려 곡예하듯 계속해서 뛰어올랐다. 노인은 오른손으로 줄을 잡고 앉아 배 뒤쪽으로 뒷걸음쳐 되돌아가려 했다. 그리고 왼손으로는 줄을 당기고 맨발인 왼쪽 발로 그 줄을 밟아 나가면서 만새기를 끌어 올렸다.

> **문장 설명**

It을 '그 녀석'이라고 번역했다. 번역가에 따라 다르게 표현할 수 있는데, 개인적으로는 자연스러운 표현이라고 생각한다. '놈'이라는 표현도 나쁘진 않다. 여기서 jump는 '튕기다'가 더 적절해 보인다. in the acrobatics of its fear에서 of는 '~때문에' 또는 '~에서 비롯된'이라는 의미다. 이 문구는 번역문처럼 번역하면 무리가 없을 것 같다.

work one's way는 '일하면서 나아가다'라는 의미로 back to the stern과 연결해, '작업을 하면서 고물(선미)로 돌아가다' 또는 '고물로 가면서 작업을 하다'라고 번역하면 되겠다. crouching and holding the big line with his right hand and arm은 분사 구문으로서 crouching과 holding을 동시 동작으로 번역하면 된다. big line은 노인과 대치 중이던 '커다란 물고기'가 걸려 있는 줄을 의미한다. 번역문에서는 이를 구별하지 않았고 교정문에서도 역시 이를 반영하지 않았다. he pulled the dolphin in with his left hand에서 알 수 있듯 만새기를 잡은 손은 왼손이다. stepping on the gained line each time with his bare left foot 역시 분사 구문으로, step on은 '밟다', the gained line은 '얻어진 줄(즉 당겨 올라온 줄)', each time은 '매번'으로 이해하면 된다. 이를 연결하면 '매번 줄을 당겨 올라온 줄을 맨발인 왼발로 밟아가면서'라고 번역하면 되겠다.

하나의 문장이 네 줄에 걸쳐 있다. 적정한 범위에서 문장을 나눠도 된다. 접속사 and는 우리가 알고 있는 의미 그대로 번역해도 되고 순차적인 의미로 풀어도 되는데 이 원문에서 crouching 다음에 오는 and는 후자로 번역하는 게 좋겠다. 앞부분에서도 그랬지만 잘못 쓴 '바로 바로'를 그대로 옮겨놓은 이유는 번역 후 국문 검토의 필요성을 다시 한 번 강조하고자 함이다. 참고로 '바로바로'와 같은 첩어는 붙여 쓴다. 정리하면 다음과 같다. 만새기는 겁에 질려 곡예하듯 계속해서 몸을 튕겼다. 노인은 잡고 있는 고기들을 양손으로 다루면서 고물 쪽으로 움직여서는 몸을 웅크렸다. 그런 뒤, 대치 중이던 물고기의 줄은 오른손으로 꽉 쥐고 왼손으로는 만새기가 걸린 줄을 당기면서 맨발인 왼발로 올라오는 줄을 계속 밟아 가며 만새기를 끌어 올렸다.

실습

최종 교정 예시

비행기를 타면 정말 이상할 거라고 생각했다. '저 높이에서 내려다보이는 바다는 어떤 모습일까? 너무 높이 날지만 않는다면 물고기들이 잘 보이겠지? 400미터쯤 되는 상공을 천천히 날며, 그 위에서 물고기들을 내려다보고 싶다. 거북잡이 배를 탈 땐, 돛대 꼭대기에 있는 사로장에서도 많은 걸 봤었지. 그 높이에서 보던 만새기의 색깔은 더 짙은 초록색으로 보이는데. 줄무늬와 보라색 반점도 보이고, 만새기가 떼를 지어 이동할 때에는 그 전체를 다 볼 수도 있고. 그런데 깊은 바닷속을 빠르게 헤엄치는 물고기들은 왜 보랏빛 등에, 또 대부분 보라색 줄무늬나 반점이 있는 걸까? 물론 만새기가 초록색으로 보이는 건 실제 금색이라, 그 색이 짙은 바닷물을 통과하면서 그렇게 보이는 걸 테고. 하지만 만새기가 정말 배고파서 먹이를 먹으러 수면으로 올라올 때 보면, 청새치처럼 옆면에 보라색 줄무늬가 보이는 건 맞단 말이야. 그런데 보라색 줄무늬가 보이는 건, 너무 배가 고파서 화가 났다는 표시일까, 아니면 빠른 속도 때문일까?' 날이 어두워지기 직전에 노인은 사르가소 해에 떠 있는 거대한 해초섬 옆을 지나게 되었다. 해초섬은 마치 바다가 누런 담요 밑에서 무언가와 사랑을 나누는 듯 가볍게 일렁이는 수면을 따라 높아졌다 낮아졌다를 반복하며 이리저리 흔들렸다. 그때 노인의 짧은 낚싯줄에 만새기가 걸렸다. 곧 노인의 눈에 만새기가 물 밖으로 튀어 오르는 모습이 보였다. 해질 무렵 비치는 햇살 속에서 만새기는 선명한 금빛을 드러냈고, 허공에서 온몸을 비틀며 퍼덕거렸다. 만새기는 겁에 질려 곡예하듯 계속해서 몸을 튕겼다. 노인은 잡고 있는 고기들을 양손으로 다루면서 고물 쪽으로 움직여서는 몸을 웅크렸다. 그런 뒤, 대치 중이던 커다란 물고기가 걸려 있는 줄을 오른손으로 꽉 쥐고 왼손으로는 만새기가 걸린 줄을 당기면서 맨발인 왼발로 올라오는 줄을 계속 밟으며 만새기를 끌어 올렸다.

교정에 익숙해지기 3

서문과 2부 앞부분에서 밝혔듯 이 강부터는 국문 교정문은 수록하지 않는다. 앞선 두 강에서 교정문을 통해 기본 교정의 효과를 이해했다면 그것으로 충분하다. 타인의 번역문을 교정하는 작업은 그 번역 문장이 좋든, 좋지 않든 그 자체로 학습에 도움이 된다. 실제 교정이라는 업무를 수행한다는 생각으로 실습에 임해보자.

I can do that a little later and lash the oars to make a drag at the same time. I had better keep the fish quiet now and not disturb him too much at sunset. The setting of the sun is a difficult time for all fish.

He let his hand dry in the air then grasped the line with it and eased himself as much as he could and allowed himself to be pulled forward against the wood so that the boat took the strain as much, or more, than he did.

I'm learning how to do it, he thought. This part of it anyway. Then too, remember he hasn't eaten since he took the bait and he is huge and needs much food. I have eaten the whole bonito. Tomorrow I will eat the dolphin. He called it *dorado*. Perhaps I should eat some of it when I clean it. It will be harder to eat than the bonito. But, then, nothing is easy.

"How do you feel, fish?" he asked aloud. "I feel good and my left hand is better and I have food for a night and a day. Pull the boat, fish."

He did not truly feel good because the pain from the cord across his back had almost passed pain and gone into a dullness that he mistrusted. But I have had worse things than that, he thought. My hand is only cut a little and the cramp is gone from the other.

lash　~을(를) ~에 묶다, (잡아)매다
disturb　방해하다, 어지럽히다, 불안하게 하다
sunset　일몰, 말기
grasp　~을(를) (꽉) 쥐다, 붙잡다, ~을(를) 이해(파악)하다
ease　편함, 안락함, 용이함, ~을(를) 편하게 하다, 안심시키다, (불편 등을) 덜어주다, 완화하다, 경감하다, 느슨해지다, 누그러지다
allow　허락하다, 허가하다, 내버려두다, ~을(를) 인정하다
forward　앞으로, 앞쪽으로, ~ 이후, 곁으로, 나아가게 하다, 전송하다
strain　잡아당기다, 꽉 죄다, 긴장시키다, 힘, 긴장, 부담, 짐, 압력(무게)
huge　거대한, 매우 큰, 막대한
whole　전부의, 모든, 완전한, 큰, 대단한, 전체, 전부
bonito　가다랑어
aloud　소리 내어, 큰 소리로, 소리 높이
pain　고통, 고민, 수고, 괴롭히다
dullness　둔함, 침체, 불경기, 지루함
mistrust　불신, 의혹, ~을(를) 의심하다, (~이(가) 아닌가) 생각하다

worse 더 나쁜, 더 열등한, 악화되어 있는

> 번역문

만새기 손질은 잠시 뒤에 하고, 동시에 노를 묶어 움직이지 않게 만들어야지. 지금은 석양 무렵이니 물고기가 조용히 있을 수 있게, 너무 방해받지 않도록 내버려두는 게 낫겠어. 해가 질 무렵은 모든 물고기가 힘들어할 때니까.

노인은 공기 중에 손을 말리고 나서, 낚싯줄을 잡고 가능한 편안한 자세를 취했다. 그리고 뱃전에 기대어 자신의 몸을 앞으로 당겨지도록 내맡긴 채, 노인이 당기는 힘보다 더 크고 더 많은 힘으로 배가 당겨주기를 바랬다.

어떻게 하는 건지 조금씩 알겠는데, 하고 노인은 생각했다. 여하튼 지금 순간은 말이야. 그런데 또 잊지 말아야지, 저놈은 아까 미끼를 문 이후로 아무것도 먹지 못했단 사실을. 몸이 커서 더 많은 먹이가 필요할 거야. 나는 다랑어 한 마리를 통째로 먹었었지. 또 내일은 저 만새기를 먹을 거고. 그는 그것을 '도라도(dorado, 에스파냐어로 만새기)'라고 불렀다. 혹시 가능하면, 깨끗이 손질할 때 저놈을 좀 먹어야겠군. 다랑어를 먹을 때보다 더 힘들 수도 있겠지만 그러면 어때, 이 세상에 쉬운 일은 없는걸.

"고기야, 넌 기분이 어떠냐?" 노인이 큰 소리로 물었다. "넌 기분도 좋고, 내 왼손도 훨씬 좋아졌어. 밤에 먹을 것도 있고 낮에 먹을 것도 있지. 고기야, 넌 배나 끌어봐라."

사실 그는 기분이 그렇게 좋지는 않았다. 등을 가로지르는 줄이 거의 고통을 뛰어넘어 그가 믿을 수 없을 만큼 무감각해졌기 때문이다. 하지만 이보다 더 힘든 적도 있었는걸, 하고 노인은 생각했다. 나는 손만 조금 베었을 뿐인데 뭐, 그리고 왼손의 쥐는 벌써 사라졌어.

원문

I can do that a little later and lash the oars to make a drag at the same time. I had better keep the fish quiet now and not disturb him too much at sunset. The setting of the sun is a difficult time for all fish.

번역문

만새기 손질은 잠시 뒤에 하고, 동시에 노를 묶어 움직이지 않게 만들어야지. 지금은 석양 무렵이니 물고기가 조용히 있을 수 있게, 너무 방해받지 않도록 내버려두는 게 낫겠어. 해가 질 무렵은 모든 물고기가 힘들어할 때니까.

문장 설명

can do that은 '그것을 할 수 있다'는 말인데 '그것'은 앞서 나온 문장에서 확인해야 한다. 여기서는 앞 문장이 없어 알 수는 없지만 번역문에서 명기한 '만새기 손질'로 생각하고 교정 실습을 해보자. a little later는 '얼마 있다가' 또는 '잠시 뒤(후)에' 정도로 번역하면 되고, lash는 can에 걸리는 본동사로서 make a drag(장애물을 만든다)를 위해 the oars(노)를 lash(묶다)할 수 있다, 또는 '노를 묶어 장애물을 만든다'는 의미로 번역하면 된다. 바다에 노를 담가놓음으로써 저항을 만들어 대치 중인 물고기가 배를 끌고 가는 데에 조금이나마 더 힘이 들게 하겠다는 뜻이다. at the same time은 '동시에'라는 뜻이므로 앞선 a little later와 같은 시간으로 보면 될 것이다. can은 '~할 수 있다'로만 번역하는 경우가 많은데 이 역시 그 외에 '~이 가능하다' '~해주다' '~이어도 좋다' 등 다양하게 번역할 수 있다. 문장을 좀 더 자연스럽게 정리하면 다음과 같다. 잠시 뒤에, 녀석에게 짐이나 하나 실어줄 요량으로 노를 묶고, 그때 만새기 손질도 함께 하면 좋겠군.

had better (do)는 '~하는 편이 낫다' '~해야 하다'이고 quiet는 '평온한' '잠잠한'이라는 뜻이다. keep+목적어+보어는 '목적어를 보어 상태로 두다'라는 의미여서 이를 연결하면 이제 물고기를 가만두는(자극하지 않는) 게 낫겠다 정도로 번역할 수 있다. 그다음—and 뒤—문장은 '해 질 녘에는(at sun set) 너무 많이(too much) 자극을 주지 않는(not disturb)게 좋다'라고 이해하면 된다.

마지막 문장을 원문 그대로 해석하면 '일몰은 모든 물고기에게 힘든 시간이다'라는 의미인데, 이 문장은 뜻을 잘 이해하고 번역해야 한다. 일반적으로 물고기를 잡는 입장에서 물고기가 힘들면 더 좋은 게 아닐까라고 생각할 수 있기 때문이다. 앞 문장 내용을 감안하면 여기서 물고기에게 힘든 시간이란 결국 어부들도 물고기를 다루기엔 힘든 시간으로 이해해야 하며 실제 그런 의미를 넣어 문장을 만드는 것이 더 적절하겠다. all fish는 '모든 물고기'라는 의미이지만 '어느 물고기에게 나'라고 해도 되고 굳이 all을 드러내어 번역하지 않아도 된다. 물고기들에게는 해 질 녘이 힘든 시간이어서 다루기에도 어렵기 때문이다.

실습

원문

He let his hand dry in the air then grasped the line with it and eased himself as much as he could and allowed himself to be pulled forward against the wood so that the boat took the strain as much, or more, than he did.

번역문

노인은 공기 중에 손을 말리고 나서, 낚싯줄을 잡고 가능한 편안한 자세를 취했다. 그리고 뱃전에 기대어 자신의 몸을 앞으로 당겨지도록 내맡긴 채, 노인이 당기는 힘보다 더 크고 더 많은 힘으로 배가 당겨주기를 바랬다.

> **문장 설명**

let his hand dry는 '손을 마르게 하다' 즉, 노인이 '자신의 손을 말렸다'는 의미다. in the air를 '공기 중에'라고 번역했는데 여기서는 '허공에 대고' 또는 '바람에'라고 번역하는 게 좀 더 정확하고 자연스럽다. 부사 then은 접속사 and의 개념으로 이해하고 '그리고'나 '뒤이어'로 번역하면 된다. it은 '말린 손'을 말하며 eased ~ could는 '(몸을) 가능한 한 편안하게 하고'로 번역할 수 있겠다. 번역문에는 '가능한 편안한'이라고 쓰여 있지만 의도한 뜻대로 쓰려면 이는 '가능한 한 편안한'으로 고쳐 써야 한다. 여기서 '가능한'과 '편안한'은 모두 형용사로 어떤 명사를 수식하기 위해 이 형용사들을 나열한 것이라면 모를까, '가능한'이 '편안한'을 수식할 수는 없다. 이 경우에는 조건의 뜻을 나타내는 명사 '한(限)'을 넣어 '가능한 한'으로 써야 한다.

allowed ~ wood는 '뱃전에 기대어 자신의 몸이 앞으로 당겨지게 했다'는 말인데 이는 물고기가 노인(배)을 끌고 간다는 의미가 내포된 것으로 '줄을 잡고 뱃전에 기댔다' 정도로 이해하면 될 것이다.

so that ~ did에서 did는 앞서 나온 took를 받는 대동사로 보는 것이 적절한데 take는 '(일을) 맡다' 또는 '(짐을) 지다' '감당하다'로 번역하면 된다. as much, or more는 '그만큼 또는 더'라는 뜻이다. 정리하면 그래서 배가, 노인이 감당하는 만큼 또는 그보다 더 많은 부담(짐, 압력, 무게)을 감당하게 되었다로 번역할 수 있다. 그런데 혹시 이 문장이 자연스럽지 않다고 느낀다면 이 문장 행간에 담긴, '노인이, 자신이 지던 부담(물고기의 무게)을 배와 나눔으로써(배에 넘겨줌으로써) 한결 나아진'의 의미를 드러내어 번역하는 것도 생각해볼 수 있다. 앞서도 언급했지만 번역은 번역가 자신이 이해한 원문을, 자신의 글로 쓰는 작업이다. 이때, 원문을 어느 선에서 그대로 옮기고 어느 선에서 적절하게 풀어주느냐는 오롯이 번역가의 몫이다. 이를 두고 직역과 의역이라는 용어로 선을 그어 규정짓듯 일반화하는 것은 어렵다고 생각한다. 이 문장의 경우, 노인이 감당하던 부담(짐)의 변화가 중요한 걸까, 아니면 자신의 부담을 배와 나누는 방법을 활용함으로써 노인이 편해졌다는 의미가 더 중요한 걸까? 아니면 둘 다 중요한 걸까? 원문대로 번역하고 이해의 몫을 독자에게 맡기는 것이 가장 나을 수도 있겠다. 이견이 있을 수 있지만, 생각해볼 여지는 있다고 본다.

여기서는 이다음 문장을 보고 선택하는 것도 한 방법이다. 번역문에서는 이를 '배가 당기다'라는 의미로 풀었는데 현재 물고기에게 끌려가는 상황에서 일시적으로 줄을 당겨보는 경우를 제외하고는, 지속적인 동작의 느낌을 주는 표현은 어울리지 않아 보인다. 또한 '배가 당기다'라는 표현도 약간 어색하다. 물론 '배가 당기는 효과가 있기를 바라다'로도 이해할 수 있겠지만 실제 '배가 당기는' 것은 아니기 때문에 좀 더 자연스럽게 풀 필요는 있다.

번역문에 나온 '바랬다'라는 어휘는 일상에서 매우 흔히 쓰는 말이긴 하나 문법상 틀린 표현이다. 만약 이 표현을 써야 한다면 '바랐다'로 써야 한다. '바라다'라는 표현으로 알 수 있듯이 번역문은 so that문을 목적으로 이해했다. so that은 목적으로도, 결과로도 번역할 수 있는데 이는 문맥을 잘 확인해야 좀 더 정확한 표현이 가능하다. 여기서는 결과로 번역하는 게 자연스럽다. 다음처럼 번역하면 어떤가. 바람에 손을 맡기고 나서 노인은 그 손으로 줄을 잡은 뒤 최대한 편안히 뱃전에 기대어 자신이 감당하고 있던 물고기의 무게를 배와 나눠 졌다. 어떤가.

실습

Tip 8

번역할 때 먼저 원문을 모두 읽고 줄거리나 의미를 다 파악한 다음 번역하는 것이 가장 좋지만 초보 번역가나 이제 막 번역 일을 시작하려는 사람에게 이는 사실상 어려운 일이다. 그러다 보니 처음에는 문장 하나하나에 집중해서 번역하게 되는데, 그렇게 번역하고 나서 문장들을 이어 읽어보면, 개별 문장이 거친 것은 차치하고, 전체가 매끄럽게 연결되지 않는 경우가 많다. 그래서 그 글을 다시 읽으면서 어색한 부분이나 의미를 잘못 파악한 부분은 고치고 다듬어야 하는데 그런 과정이 바로 교정이다. 이때, 어떤 경우엔 번역 문장의 순서를 바꾸는 것도 문맥을 매끄럽게 만드는 하나의 방법이 된다. 이런 방식으로 자신의 글을 고치다 보면 시나브로 더 좋은 번역을 할 수 있게 된다.

원문

I'm learning how to do it, he thought. This part of it anyway. Then too, remember he hasn't eaten since he took the bait and he is huge and needs much food. I have eaten the whole bonito. Tomorrow I will eat the dolphin. He called it *dorado*. Perhaps I should eat some of it when I clean it. It will be harder to eat than the bonito. But, then, nothing is easy.

번역문

어떻게 하는 건지 조금씩 알겠는데, 하고 노인은 생각했다. 여하튼 지금 순간은 말이야. 그런데 또 잊지 말아야지, 저놈은 아까 미끼를 문 이후로 아무것도 먹지 못했단 사실을. 몸이 커서 더 많은 먹이가 필요할 거야. 나는 다랑어 한 마리를 통째로 먹었었지. 또 내일은 저 만새기를 먹을 거고. 그는 그것을 '도라도(dorado, 에스파냐어로 만새기)'라고 불렀다. 혹시 가능하면, 깨끗이 손질할 때 저놈을 좀 먹어야겠군. 다랑어를 먹을 때보다 더 힘들 수도 있겠지만 그러면 어때, 이 세상에 쉬운 일은 없는걸.

> **문장 설명**

how to do는 '~하는 방법'이라는 뜻이다. 따라서 첫 문장은 '내가 it 하는 방법을 배우고 있군'으로 보면 된다. it은 앞 문장 또는 뒤 문장에서 확인하면 되는데 여기서는 '(현재 대치 중인) 커다란 물고기를 다루는(잡는) 방법(기술)' 정도로 이해하면 되겠다. This ~ anyway는 오타가 아닌 이상 표면상으로는 명사구이지만 의미상으로는 '어쨌든 이것은 그 일부다'로 보아야 할 것 같다. 정리하면 '지금 자신이 하는 방식 역시 물고기를 잡는 방법의 일부'라는 말로 보면 된다.

Then too는 '그리고 또' 정도의 의미로 이해하고 자연스런 접속부사를 활용하면 된다. remember ~ food는 and로 이어진 하나의 문장이지만 현재완료와 과거, 현재 시제가 공존한다. 여기서 he는 '(대치 중인) 커다란 물고기'이고 뒷부분의 현재 시제 문장은 '크고(huge) 많은 먹이가 필요하다(need)'는 의미다. 이 부분만 보면 물속 깊은 곳에서 대치 중인 물고기의 크기를 어떻게 알 수 있을지 의아할 수 있지만 『노인과 바다』 원문을 보면 이보다 앞선 부분에 물고기가 한 번 수면으로 올라와 몸을 드러내는 내용이 나온다. need는 자연스럽게 표현하는 게 좋겠다. 정리하면 다음과 같다. 저 녀석이 미끼를 문 이후로 아무것도 먹지 못했다는 것을 기억하자. 크기가 대단한 만큼 먹는 양도 엄청날 텐데 말이야.

Tomorrow ~ dolphin은 '내일은 만새기를 먹어야겠군'으로 번역하면 된다. He ~ dorado는 노인은 만새기를 도라도(*dorado*)라는 에스파냐어로 칭했다라고 번역할 수 있다. 『노인과 바다』에는 이렇게 에스파냐어 표현이 몇 번 등장하는데, 이런 식으로 번역하면 적당하겠다. 참고로 우리가 흔히 알고 있는 스페인의 공식 국가명은 에스파냐다. 한편 이 부분을 봐도, 앞서 언급했던 것처럼, dolphin이 우리가 흔히 알고 있는 돌고래가 아니라 만새기라는 사실을 알 수 있다.

아울러 영어 도서를 보면 *dorado*처럼 이탤릭체로 쓰여 있는 단어를 종종 볼 수 있다. 이런 경우 의뢰처에서 특별히 주문하지 않는 한 번역가는 원문 그대로 옮겨주면 된다.

Perhaps ~ it에서 should는 '~(하게 될) 것이다'로 when은 '~하면'의 의미로 번역하면 된다. 정리하면 다음과 같다. 아마도 손질을 한 뒤에나 약간 먹게 되겠지.

It ~ bonito는 그런데 만새기는 가다랑어보다 먹기가 더 힘들 거야로 번역할 수 있겠다. But ~ easy는 '하지만, 사실 쉬운 일은 없지 않은가'의 의미로 보면 된다.

실습

___
___
___
___
___

원문

"How do you feel, fish?" he asked aloud. "I feel good and my left hand is better and I have food for a night and a day. Pull the boat, fish."

번역문

"고기야, 넌 기분이 어떠냐?" 노인이 큰 소리로 물었다. "난 기분도 좋고, 내 왼손도 훨씬 좋아졌어. 밤에 먹을 것도 있고 낮에 먹을 것도 있지. 고기야, 넌 배나 끌어봐라."

문장 설명

첫 문장에서 how do you feel은 '기분이 어떠니' 또는 '상태가 어떠니', feel good은 '기분 좋다' 또는 '아무 문제 없다' 정도로 번역할 수 있다. a night and a day는 '하루치(분량)' 또는 '내일 오후까지 먹을 분량' 정도로 이해하면 될 것이다. Pull ~ fish에서는 상황의 호전(?) 때문에 일부러 노인이 거들먹거리며 물고기를 약간 조롱(?) 또는 무시(?)하는 듯한 어감이 느껴진다. 이를 정리하면 다음과 같다. "기분이 어떠니, 물고기야?" 노인이 큰 소리로 물었다. "나는 기분도 좋고 왼손도 더 나아졌단다. 그리고 식량도 내일 오후까지 먹을 만큼 갖고 있고. 물고기야, 너는 (그냥) 배나 끌려무나."

실습

원문

He did not truly feel good because the pain from the cord across his back had almost passed pain and gone into a dullness that he mistrusted. But I have had worse things than that, he thought. My hand is only cut a little and the cramp is gone from the other.

번역문

사실 그는 기분이 그렇게 좋지는 않았다. 등을 가로지르는 줄이 거의 고통을 뛰어넘어 그가 믿을 수 없을 만큼 무감각해졌기 때문이다. 하지만 이보다 더 힘든 적도 있었는걸, 하고 노인은 생각했다. 나는 손만 조금 베었을 뿐인데 뭐, 그리고 왼손의 쥐는 벌써 사라졌어.

문장 설명

He did ~ mistrusted에서는 문장을 순서에 따라 결과와 원인 두 개로 만들어도 괜찮겠다. because 이하를 한 문장으로, 그 앞부분을 또 한 문장으로 만드는 것이다. the pain ~ his back은 '등을 가로지르는 줄 때문에 생긴 고통'이라는 뜻이다. 그 뒤에 이어지는 문장은 '그 고통이 passed해서 dullness로 gone into 했다'는 것으로 pass는 '지나(넘어)가다', go into는 '(어떤 상태가) 되다'로 이해하면 된다. 이를 정리하면 '거의 고통을 넘어 스스로도 의심이 될 정도로 감각이 무뎌지다'로 번역하면 되겠다. 앞의 truly는 좀 더 세밀하게 이해하고 번역해야 한다. 이는 '정말(로)' '진짜(로)' '실로' '사실대로' 등의 뜻을 지닌 부사인데 우리말을 어떻게 쓰느냐에 따라 의미에 미묘한 차이를 보이기 때문이다. 예를 들어 '정말'이나 '진짜'로 번역해보자. 그럼 '노인의 기분이 정말(진짜) 좋은 건 아니었다'가 된다. 이 문장이 어떻게 읽히는가. 이 문장은 노인의 기분이 '좋지 않았다'라고 읽히기도 하고, '좋긴 좋은데 아주 좋은 건 아니었다'라는 의미로 읽히기도 한다. 이는 우리말 '정말'과 '진짜'가 상황에 따라 강조(아주, 많이)의 의미로 쓰이기도 하기 때문이다. 따라서 문장을 이렇게 번역한다면, 그 뒤에 '로'를 붙여야 오해(?)가 어느 정도 해소될 것이다. 사실 우리말 '정말'과 '진짜'는 명사이자 부사, 그리고 감탄사로도 쓰이지만 부사형으로는 '정말로'와 '진짜로'라고 쓰는 게 의미를 더 정확하게 전달한다고 할 수 있겠다. 아니면 truly가 수식하는 단어를 확실히 이해하고 정확하게 표현하면 된다. 이 문장에서 truly는 (didn't) feel을 수식한다. 즉, '정말 feel한 것은 아니다'라는 말이다. 번역문은 truly가 형용사 good을 수식한 꼴이 되었는데 이런 경우에는 그 단어를 문두에 번역해놓음으로써 문장 전체(의미상 동사)를 수식하게 하면 된다. '정말(진짜) 노인의 기분이 좋은 건 아니었다'로 말이다. 문맥을 보고 더 매끄러운 번역을 선택하면 된다. 다음과 같이 번역하면 무리는 없겠다. 노인의 기분이 진짜로 좋은 건 아니었다. 등을 가로지르는 줄 때문에 생긴 고통이 이제는 거의 고통을 넘어 스스로도 의심이 될 정도로 감각이 무뎌졌기 때문이다.

But ~ than that에 있는 have는 '경험하다'의 뜻으로서 이 문장은 하지만 이보다 더 안 좋은 일도 겪어보지 않았던가 정도로 번역할 수 있다. My ~ other에서 is only cut이 번역문에는 '비었을 뿐인데'로 썼는데 의미는 이해할 수 있으나 이는 고쳐야 하는 표현이다. '비다'가 아니라 '베다'라고 써야 한다. 그런데 '(손을) 베다'는 일반적으로 어떤 날카로운 물건에 의해 상처가 생김을 뜻하는 동사다. 노인의 손에 생긴 상처는 밧줄(낚싯줄)로 쓸려서 생긴 것이기 때문에 '베다'는 그다지 어울리는 표현이 아니다. 따라서 이 부분은 '상처를 입다' 정도로 이해하면 되겠다. the other는 상처가 난 손과 다른, 쥐가 난 손 즉, 왼손을 뜻한다. 자연히 My hand는 오른손을 말한다. 이를 번역하면 다음과 같다. 오른손은 약간 상처가 났을 뿐이고 왼손의 마비도 이젠 완전히 사라졌다.

실습

최종 교정 예시

'잠시 뒤에, 녀석에게 짐이 하나 실어줄 요량으로 노를 묶어야지. 그때 만새기 손질도 함께 하면 좋겠군. 이젠 물고기를 가만히 두어야 해. 해 질 녘엔 자극을 너무 많이 주지 않는 게 좋으니까. 일몰 때는 어느 물고기에게나 힘든 시간이어서 다루기에도 어렵단 말이야.'

바람에 손을 말리고 나서 노인은 그 손으로 줄을 잡은 뒤 가능한 한 편안히 뱃전에 기대어 자신이 감당하고 있던 물고기의 무게를 최대한 배와 나눠 졌다.

'어떻게 해야 하는지 조금씩 알겠군. 어쨌든 이 역시 물고기를 잡는 하나의 방법이라고. 게다가 저 녀석이 미끼를 문 이후로 아무것도 먹지 못했다는 것을 기억해야 해. 크기가 대단한 만큼 먹는 양도 엄청날 텐데 말이야. 나는 내일, 만새기를 먹어야겠군.' 노인은 만새기를 도라도(*dorado*)라는 에스파냐어로 칭했다. '아마도 손질을 한 뒤에나 약간 먹게 되겠지. 그런데 만새기는 가다랑어보다 먹기가 더 힘

들 거야. 하지만 어때, 사실 세상에 쉬운 일은 없잖아.'

"기분이 어떠니, 물고기야?" 노인이 큰 소리로 물었다. "나는 기분도 좋고 왼손도 더 나아졌단다. 그리고 식량도 내일 오후까지 먹을 만큼은 갖고 있고. 물고기야, 너는 그냥 배나 끌려무나."

사실, 노인의 기분이 진짜로 좋은 건 아니었다. 등을 가로지르는 줄 때문에 생긴 고통이 이제는 거의 고통을 넘어 스스로도 의심이 될 정도로 감각이 무뎌졌기 때문이다. '하지만 이보다 더 안 좋은 일도 겪어보지 않았던가. 오른손은 약간 상처가 났을 뿐이고 왼손의 마비도 이젠 완전히 사라졌다고.'

교정에 익숙해지기 4

My legs are all right. Also now I have gained on him in the question of sustenance.

It was dark now as it becomes dark quickly after the sun sets in September. He lay against the worn wood of the bow and rested all that he could. The first stars were out. He did not know the name of Rigel but he saw it and knew soon they would all be out and he would have all his distant friends.

"The fish is my friend too," he said aloud. "I have never seen or heard of such a fish. But I must kill him. I am glad we do not have to try to kill the stars."

Imagine if each day a man must try to kill the moon, he thought. The moon runs away. But imagine if a man each day should have to try to kill the sun? We were born lucky, he thought.

Then he was sorry for the great fish that had nothing to eat and his determination to kill him never relaxed in his sorrow for him. How many people will he feed, he thought. But are they worthy to eat him? No, of course not. There is no one worthy of eating him from the manner of his behaviour and his great dignity.

I do not understand these things, he thought. But it is good that we do not have to try to kill the sun or the moon or the stars. It is enough to live on the sea and kill our true brothers.

sustenance 살림, 음식물, 유지, 부양, 지속
rest 휴식, 안식, 평정, 휴식하다, 편안히 있다, ~을(를) 쉬게 하다, ~을(를) ~에 놓다
Rigel 리겔(별 이름)
imagine ~을(를) 상상하다, 마음에 떠올리다, ~라고 생각하다, 가정하다
bear 낳다, (수동태로) 태어나다, 산출하다, 받치다, 견디다
sorry 가엾은, 가엾게 생각하는, 유감으로 여기는, 미안하게 생각하는, 슬픈
determination 결심, 결의, 결정, 확정
relax 늦추다, 누그러뜨리다, 완화하다, 쉬게 하다, 편하게 하다
sorrow 슬픔, 비애, 고난, 슬퍼하다
worthy 가치가 있는, 자격 있는, 훌륭한
manner 방식, 방법, 풍습, 예의, 태도
behavio(u)r 행실, 행동, 태도
dignity 존엄, 위엄, 품위

번역문

내 다리는 아직 멀쩡하다. 그리고 이제는 놈을 잡을 때가 점점 다가오고 있어. 계속 이렇게 할 수 있을지가 문제다만.

9월엔 해가 지면 금세 어두워지므로 주위는 벌써 컴컴했다. 노인은 다 닳아 반질반질한 이물 판자에 몸을 기대며 할 수 있는 한 최대로 몸을 뉘었다. 하늘엔 첫 별이 떠 있었다. 그 별 이름이 리겔이라는 것은 몰랐어도 노인은 그 별을 보고 곧 다른 별들도 다 쏟아져 나올 것이며, 멀리서도 함께할 친구가 되어줄 것은 알았다.

"이 물고기 놈도 내 친구지." 노인이 소리 내어 말했다. "이런 놈이 있다는 건 평생 듣도 보도 못했다. 그렇더라도 난 이놈을 꼭 죽여야만 해. 별은 잡아 죽이지 않아도 된다는 게 참으로 다행이지 뭔가."

매일 달을 잡아 없애야 한다고 생각해보라고. 달은 저렇게 도망가는데. 노인은 생각했다. 만약 해를 매일 잡아 죽여야 한다면 또 어떻구? 이제 보니 우리는 참 운이 좋은 거였군.

노인은 곧 아무것도 먹지 못한 저 대단한 물고기에게 미안한 마음이 들었다. 그리고 저 물고기의 운명에 서글픔을 느끼면서도 놈을 죽이겠다는 결심이 전혀 누그러들지 않는 것도 미안했다. 저놈을 잡으면 몇이나 먹을 수 있을까? 노인은 생각했다. 그런데 그자들이 먹을 자격이나 있나? 아니, 당연히 없지. 없고말고. 이놈이 움직이는 방식으로 보나 대단히 위엄 있는 저 모습으로 보나 이 녀석을 잡아먹을 만한 자격이 있는 사람은 아무도 없어.

그런데도 이런 일이 벌어지는 까닭을 도무지 알 수가 없구나. 노인은 생각했다. 그래도 해나 달이나 별을 잡아 죽이지 않아도 되는 건 어쨌거나 잘된 일이야. 바다 위에 살면서 우리의 진정한 형제들을 잡아 죽이는 것만 해도 족하니까.

원문

My legs are all right. Also now I have gained on him in the question of sustenance.

번역문

내 다리는 아직 멀쩡하다. 그리고 이제는 놈을 잡을 때가 점점 다가오고 있어. 계속 이렇게 할 수 있을지가 문제다만.

> **문장 설명**

gain on은 '~에 자꾸 다가가다' '~에 점점 가까워지다' 또는 '따라붙다' '따라붙잡다'는 의미다. in ~ sustenance는 '(생명 유지를 위한) 식량 문제에 있어서'의 의미로 보면 되겠다. 번역문에서는 gain on을 '잡다(가까워지다)'로, in을 '(어떤) 문제를 안고 있는 상황'으로 이해하고 문장도 두 개로 나누어 푼 것으로 보인다. 하지만 여기서 gain on과 in은 '~에 있어서 따라잡다' 또는 '~에 있어서 ~만 못하지 않다'로 보는 게 적절할 것 같다. 노인이 이제는 자신의 상황이 물고기보다 나쁘지는 않다고 생각하는 것으로 이해하면 될 듯하다. 이는 다음과 같이 번역할 수 있다. 다리는(도) 모두 멀쩡하다. 게다가 지금은 생존을 위한 식량 문제에 있어서도 놈보다 못할 게 없지 않은가.

> **실습**

> **Tip 9**

이 문장의 sustenance처럼, 유사하지만 다른 의미—sustenance에는 '지속' '유지' '지탱'의 의미가 있다—로도 번역 가능한 어휘의 경우, 이를 정확히 이해하고 번역하려면 문장 구조, 단어의 원의와 문맥을 확인해야 한다. 문장 구조는 다양한 용례를 확인하면 되고, 단어의 원의는 영영사전을 보면 좀 더 정확히 이해할 수 있다.

> **원문**

It was dark now as it becomes dark quickly after the sun sets in September. He lay against the worn wood of the bow and rested all that he could. The first stars were out. He did not know the name of Rigel but he saw it and knew soon they would all be out and he would have all his distant friends.

> 번역문

9월엔 해가 지면 금세 어두워지므로 주위는 벌써 컴컴했다. 노인은 다 닳아 반질반질한 이물 판자에 몸을 기대며 할 수 있는 한 최대로 몸을 뉘었다. 하늘엔 첫 별이 떠 있었다. 그 별 이름이 리겔이라는 것은 몰랐어도 노인은 그 별을 보고 곧 다른 별들도 다 쏟아져 나올 것이며, 멀리서도 함께할 친구가 되어줄 것은 알았다.

> 문장 설명

앞서 언급했듯이(1강 참조) now는 기본적으로 '이제' '지금'의 의미이지만, 첫 문장 It ~ September에서는 as 이하와의 호응을 감안하여 번역문처럼 '벌써' 또는 '이미'의 의미로 번역하면 된다. after는 '~ 후(뒤)에'라는 뜻이지만 여기서는 '~하면'이 자연스럽다. 따라서 9월에는 해가 지면 금방 어두워지기 때문에 이제(이미) 날은 어두운 상태였다 또는 어둠이 내려앉은 상태였다 정도가 괜찮을 것 같다. He ~ could에서 lay against는 '~에 기댔다', worn ~ bow는 '이물의 낡은 뱃전', all that he could는 '(그가) 할 수 있는 한 안전히' 또는 '최대한 푹' 정도로 번역하면 되겠다. 정리하면 노인은 이물의 낡은 뱃전에 기대어 최대한 편안히 쉬었다라고 문장을 만들 수 있다.

The first ~ out은 '첫 별들이 나왔다'인데 역자는 이를 뒤이어 나온 '리겔'이라는 별로 보았다. 하지만 이것은 별들이 보이기 시작했다 정도로 번역하면 될 것이다. 따라서 He ~ it은 '노인은 리겔(Rigel)이라는 이름은 몰랐지만 그 별을(도) 보았다'의 의미가 된다. '리겔'과 같은 고유명사는 해당 어휘가 처음 나왔을 때 원어를 병기하는 것이 기본이다. 리겔이 1등성(first magnitude star)이기 때문에 앞의 first stars도—사이에 magnitude가 생략된 표현으로 보고—'1등성들'로 번역해야 하는 것 아닌가라고 생각할 수 있지만 밤하늘에 1등성이 꼭 가장 먼저 보이는 것도 아닌 데에다 그렇게 연결하는 게 문맥상 자연스럽지도 않기 때문에, 문자 그대로 별들이 하나둘 보이기 시작하는 것으로 이해하는 게 적절해 보인다.

knew ~ friends에서 they would와 he would는 병치로 보고 knew의 목적절로 번역하면 된다. 여기서는 know를 '인식하다(생각하다)'로, have는 '생기다(얻다)'의 의미로, all his distant friends는 '먼 곳에 있는 친구들 모두'로 이해하면 되겠다. 그런데 distant를 원문대로 번역하면 문장이 어색하고 의미가 정확해 보이지 않는다. 따라서 distant를 드러내어 번역하지 않거나 아니면 행간에서 읽을 수 있는 의미를 담아 번역하는 것도 좋다. 번역문에는 '멀리서도 함께할'이라고 번역되었다. 한번 비교해보자. 노인은 곧 있으면 모든 별이 나와서 멀리 (떨어져) 있는 자신의 친구가 될 거라고 생각했다. 또는 비록 멀리 떨어져 있지만 곧 있으면 모든 별이 나와서 자신의 친구가 되어줄 거라 노인은 생각했다. 어떤 문장이 더 자연스럽고 의미를 잘 표현하는 것 같은가.

실습

원문

"The fish is my friend too," he said aloud. "I have never seen or heard of such a fish. But I must kill him. I am glad we do not have to try to kill the stars."

Imagine if each day a man must try to kill the moon, he thought. The moon runs away. But imagine if a man each day should have to try to kill the sun? We were born lucky, he thought.

> **번역문**

"이 물고기 놈도 내 친구지." 노인이 소리 내어 말했다. "이런 놈이 있다는 건 평생 듣도 보도 못했다. 그렇더라도 난 이놈을 꼭 죽여야만 해. 별은 잡아 죽이지 않아도 된다는 게 참으로 다행이지 뭔가."

매일 달을 잡아 없애야 한다고 생각해보라고. 달은 저렇게 도망가는데. 노인은 생각했다. 만약 해를 매일 잡아 죽여야 한다면 또 어떻구? 이제 보니 우리는 참 운이 좋은 거였군.

> **문장 설명**

The fish는 지금 대치 중인 커다란 물고기를 말한다. said aloud는 '크게 말하다' '큰 소리로 말하다' '소리 내어 말하다' 등 다양하게 표현할 수 있지만 생략해도 문제는 없다. 게다가 말이 이어지는 중간에 들어가는 것이기 때문에 말이 시작되기 전에 또는 말이 끝난 뒤에 붙여도 상관없다. hear of에는 '~에 대해 전해 듣다'라는 뜻이 있다. 번역문에는 never seen or heard of가 '듣도 보도 못했다'로 번역되어 있는데 우리가 흔히 쓰는 표현으로 자연스럽게 옮겼다고 생각한다. 노인이 말하는 부분을 번역하면 다음과 같다. "이 녀석도 (물론) 내 친구지." "(그런데) 이런 물고기는 (정말) 듣도 보도 못했어. 그래도 나는 저놈을 죽여야만 해. (그나저나) 우리가 별을 죽여야 할 필요가 없다는 게 얼마나 다행인가." 얼핏 보면 논리 전개가 황당하긴 하지만 이런 생각이나 말이 자연을 대하는 노인의 특성과 성품을 잘 반영한다.

Imagine ~ thought에 나오는 if 절을 '~라면'으로 번역할 필요는 없다. 단지 가정의 의미를 담아 표현하면 된다. a man은 '한 남자' 또는 '어떤 남자(사람)'로 볼 수도 있고 그냥 '우리(사람)' 정도로 이해해도 무방할 것이다. 번역문처럼 드러내지 않아도 괜찮겠다. 정리하면 우리가 매일 달을 죽여야 한다고 상상해보라고 정도면 되겠다. he thought 역시 번역해도 되고 하지 않아도 된다. 문맥에서 꼭 필요한 경우가 아니라면 이런 종류의 원문은 매끄러운 전개를 위해 생략해도 괜찮다. 물론 무조건 생략해서는 안 된다.

The moon runs away를 역자는 '달은 저렇게 도망가는데'라고 번역했다. 그러나 원문은 달이 움직인다는 불변의 진리를, 현재 시제를 써서 '도망간다'라고 표현한 것이기 때문에 현재 (저렇게) 도망가고 있다고 번역하는 건 무리가 있다. 이 문장은 하나의 단문으로 이루어져 있긴 하지만 if문의 주절처럼 번역하는 게 좋을 것 같다. 따라서 '달은 도망간다'는 문장이더라도 달은 도망갈 거야 또는 달은 도망가겠지로 번역하는 것이 낫겠다.

But ~ sun은 '만약 해를 매일 잡아 죽여야 한다면 또 어떻구?'라고 번역되었는데 '어떻구'는 문법적으로 맞는 표기가 아니어서 '어떻고'로 바꾸거나 다른 표현을 생각해보는 것이 좋겠다. 물론 이견이 있을 수도 있다. 소설 작품들을 보면, 생각이나 대화 부분에서 문법에 어긋나더라도 흔히 쓰는 표현이라면 허용하는 경우도 있기 때문이다. 이 점을 제외하면 이 문장은 표면상으로 큰 문제가 없어 보인다. 그러나 여기서는 But이 언급된 이유를 생각하고 행간의 의미를 잘 이해해서 번역해야 한다. 그런데(하지만) 만약 매일 해를 죽여야 한다고 생각(상상)한다면? 정도로 번역하면 된다. '만약 ~하다면'에 '상상'의 의미가 내포되어 있기 때문에 '생각(상상)한다면'은 생략해도 괜찮다. But(역접)의 의미를 그대로 적용하면 실제 이 부분은 달이나 해를 죽일 상상을 해보니 (당연히 불가능하겠지만) 달은 도망가기라도 하지, 해는 도망가지도 않고 괜히 잡으러 갔다가 죽기 십상이라는 의미가 들어 있다고 보아야 할 것이다. 이는, 달은 움직이고—지구를 중심으로 공전하고—해는 움직이지 않는다는 사실이 노인의 말에 드러나 있다는 것을 이해하고 번역해야 한다는 뜻이다. 그래야 다음 문장과의 연결도 자연스럽다. We ~ thought는 '(그러고 보면) 우리는 참 행운을 타고 난 거야.' 노인은 생각했다. 정도로 번역하면 된다.

실습

원문

Then he was sorry for the great fish that had nothing to eat and his determination to kill him never relaxed in his sorrow for him. How many people will he feed, he thought. But are they worthy to eat him? No, of course not. There is no one worthy of eating him from the manner of his behaviour and his great dignity.

번역문

노인은 곧 아무것도 먹지 못한 저 대단한 물고기에게 미안한 마음이 들었다. 그리고 저 물고기의 운명에 서글픔을 느끼면서도 놈을 죽이겠다는 결심이 전혀 누그러들지 않는 것도 미안했다. 저놈을 잡으면 몇이나 먹을 수 있을까? 노인은 생각했다. 그런데 그자들이 먹을 자격이나 있나? 아니, 당연히 없지. 없고말고. 이놈이 움직이는 방식으로 보나 대단히 위엄 있는 저 모습으로 보나 이 녀석을 잡아먹을 만한 자격이 있는 사람은 아무도 없어.

문장 설명

첫 문장 Then ~ him에서 Then은 '그런 뒤' 또는 '그러고 나서'로 이해하면 되겠다. be sorry for는 '안쓰럽게 여기다'이고 that ~ eat는 fish를 수식하는 관계대명사 절이다. have nothing to eat는 '먹을 것이 없다'는 뜻이지만 의미상 '먹을 수 없다'로 보아도 무방하겠다. 그러고 나서 노인은 아무것도 먹을 수 없는 저 거대한 물고기를 안쓰럽게 생각했다. and 뒤의 문장은 '물고기에 대한 연민 속에서도 그놈을 죽이고야 말겠다는 노인의 결심은 결코 사그라들지 않았다' 정도로 이해하면 된다. and는 순접의 의미가 기본이지만 이처럼 앞 문장과 의미상 대조적인 내용이 이어질 경우에는 '그럼에도' '그러나' '그런데도'라고 번역해야 한다.

How ~ thought에서 he는 '물고기'를 뜻하며 feed는 '음식을(먹이를) 주다'의 의미로 '저놈이 얼마나 많은 사람에게 (음식으로) 돌아갈 수 있을까?'의 의미로 이해하면 된다. he thought는 여기서도 생략이 가능하지만, 생각이 끝나는 문장 다음에 넣어줘도 괜찮을 것 같다. But ~ him에서 they는 일반적인 사람으로 보면 된다. 하지만 사람들이 저놈을 먹을 자격이 있을까? No, ~ not은 문장 그대로 번역하면 되는데 여기서 of course는 '물론' 또는 '당연히'나 '결코' 중 자연스러운 표현을 선택하면 된다.

There ~ dignity에서 be worthy of ~ing는 '~할 가치가(자격이) 있다'로, from은 원인 또는 관점이나 판단의 근거로 이해해 '~으로 보아' 정도로 번역하면 된다. 정리하면 다음과 같다. 저놈의 행동 방식이나 대단한 위엄으로 보아 저놈을 먹을 자격이 있는 사람은 아무도 없다.

실습

원문

I do not understand these things, he thought. But it is good that we do not have to try to kill the sun or the moon or the stars. It is enough to live on the sea and kill our true brothers.

번역문

그런데도 이런 일이 벌어지는 까닭을 도무지 알 수가 없구나. 노인은 생각했다.

그래도 해나 달이나 별을 잡아 죽이지 않아도 되는 건 어쨌거나 잘된 일이야. 바다 위에 살면서 우리의 진정한 형제들을 잡아 죽이는 것만 해도 족하니까.

> **문장 설명**

I ~ thought에서 these things는 '이런 일(들)'인데 이는 의미상 '이런 현실'로 이해하면 되고 문장에서는 생략해도 괜찮을 것 같다. do not understand는 '이해 하지 못하다' 또는 '모르겠다'의 뜻이지만 이 문장은 정말 이해할 수 없단 말이야. 노인은 생각했다 정도로 번역하면 된다.

But ~ stars에서 it is good that ~은 'that 이하는 좋다'는 의미다. try to는 '~ 하려고 노력하다' 또는 '애써 ~하다'라는 뜻이지만 여기서는 굳이 드러내지 않아도 된다. 따라서 하지만 우리가 해나 달 또는 별을 죽여야 할 필요는 없다는 건 참 다행이야라고 번역하면 되겠다.

It ~ brothers에서 It은 to live와 (to) kill을 말하고 enough는 be 동사의 보어로 쓰여 이 문장은 'It이면 충분하다'는 뜻이 된다. live on the sea는 '바다 위에서 생활(조업)하면서'라는 의미인데 이는 '바다에 살면서'나 '바다에서 일하면서' 정도로 번역하면 된다. true brothers는 해나 달, 별과 대비되는 의미로 '형제 같은 (신싸) 친구' 정도도 이해하면 되겠다. 따라서 true는 번역문처럼 '진정한'의 의미로도 볼 수 있지만 '손에 닿는(현실적인)'의 의미를 지니는 표현이 더 적절할 것으로 보인다. 정리하면 다음과 같다. 바다에 살면서 우리의 진짜 친구들을 죽이는 걸로 충분한 거야.

> **실습**

_____
_____
_____
_____

> **최종 교정 예시**

'다리도 모두 멀쩡하다고. 게다가 지금은 먹고 버틸 식량 문제에 있어서도 놈보다 못할 게 없지 않은가.'

9월에는 해가 지면 금방 어두워지기 때문에 이미 날은 어두운 상태였다. 노인은 이물의 낡은 뱃전에 기대어 최대한 편안히 쉬었다. 별들이 보이기 시작했다. 노인은 리겔(Rigel)이라는 이름은 몰랐지만 그 별을 보았고 비록 멀리 떨어져 있긴 해도 곧 있으면 모든 별이 나와서 자신의 친구가 되어줄 거라고 생각했다.

"이 녀석도 내 친구지. 그런데 이런 물고기는 정말 듣도 보도 못했단 말이야. 그래도 나는 저놈을 죽여야만 해. 그나저나 우리가 별을 죽여야 할 필요가 없다는 게 얼마나 다행인가." 노인이 큰 소리로 말했다.

'우리가 매일 달을 죽여야 한다고 상상해보라고. 물론 달은 도망가겠지. 그런데 만약 매일 해를 죽여야 한다면? 그러고 보면 우리는 참 행운을 타고난 기야.' 노인은 생각했다.

그러고 나서 노인은 아무것도 먹을 수 없는 저 거대한 물고기를 안쓰럽게 생각했다. 하지만 물고기에 대한 연민 속에서도 그놈을 죽이고야 말겠다는 노인의 결심은 결코 사그라들지 않았다. '저놈이 얼마나 많은 사람에게 돌아갈 수 있을까? 하지만 사람들이 저놈을 먹을 자격이 있을까? 아니, 물론 그렇지 않지. 저놈의 행동 방식이나 대단한 위엄으로 보아 저놈을 먹을 자격이 있는 사람은 아무도 없다고.' 노인은 생각했다.

'그러고 보면 현실은 정말 이해할 수 없단 말이야. 하지만 우리가 해나 달 또는 별을 죽여야 할 필요가 없다는 건 참 다행이야. 바다에 살면서 우리의 진짜 친구들을 죽이는 걸로 충분한 거라고.'

교정에 익숙해지기 5

He started to work his way back to the stern on his hands and knees, being careful not to jerk against the fish. He may be half asleep himself, he thought. But I do not want him to rest. He must pull until he dies.

Back in the stern he turned so that his left hand held the strain of the line across his shoulders and drew his knife from its sheath with his right hand. The stars were bright now and he saw the dolphin clearly and he pushed the blade of his knife into his head and drew him out from under the stern. He put one of his feet on the fish and slit him quickly from the vent up to the tip of his lower jaw. Then he put his knife down and gutted him with his right hand, scooping him clean and pulling the gills clear. He felt the maw heavy and slippery in his hands and he slit it open. There were two flying fish inside. They were fresh and hard and he laid them side by side and dropped the guts and the gills over the stern. They sank leaving a trail of phosphorescence in the water. The dolphin was cold and a leprous gray-white now in the starlight and the old man skinned one side of him while he held his right foot on the fish's head. Then he turned him over and skinned the other side and cut each side off from the head down to the tail.

work one's way (일하면서) 나아가다, 노력하며 나아가다, 끝까지 해내다
knee 무릎, 무릎으로 치다
jerk 갑작스런 움직임, 세게 당김, 경련, 멍청이, 바보, 갑자기 당기다(움직이다), 불쑥 말하다
half 절반, 절반의
draw ~을(를) 잡아(끌어)당기다, 뽑아내다, 빼내다, 꺼내다, 그리다, (승부 등이) 비기다
sheath 칼집, 덮개, ~을(를) 칼집에 넣다
blade (칼 등의) 날, 잎
slit 잘라 내다, ~을(를) 가느다랗게 베다, 째다
vent 구멍, 관, 항문, 배설구, 배출구, 발산하다, 배출하다
tip 끝, 꼭대기, 끝에 달다, 끝을 잘라 내다
jaw 턱, 입, 좁은 입구
gut 내장, 창자, 위, 핵심, ~의 창자를 뽑다, 게걸스럽게 먹다, 알맹이를 제거하다
scoop 국자(모양의 연장), 큰 숟가락, 퍼내기, 떠내기, 퍼내다(떠내다), 푸다, 파다
gill 아가미, 주름, 아가미(창자)를 뽑아내다
clear 밝은, 맑은, 명확한, 분명히, 완전히, 모조리, ~을(를) 깨끗이 하다, ~을(를) 분명히 하다, (실, 밧줄 등의) 얽힌 것을 풀다
maw 입, 목구멍, 식도, (동물의) 위
slippery 미끄러운, 반들반들한, 잡기 어려운
inside 안에, 이내에, 마음속으로
fresh 신선한, 새로운, 생기 있는, 산뜻한, 시작, 초기
side by side 나란히 있는, 협력하여
drop (물)방울, 소량, 저하, 하락, (똑똑) 떨어지다, 하락하다, 떨어뜨리다, 낙하시키다
sink 천천히 하강하다, 서서히 내려가다, 가라앉다, 감소하다, 이해되다, 가라앉히다

phosphorescence 인광, 푸른빛

leprous 비늘로 덮인, 나병의

starlight 별빛

skin 피부, 껍질, ~의 가죽을 벗기다, 살갗을 벗기다

cut off 그만두다, 끊다, 잘라 내다, 끄다

번역문

노인은 만새기에 대고 몸을 홱 움직이지 않도록 조심하면서, 손과 무릎으로 기어서 고물 쪽으로 되돌아가기 시작했다. 저놈이 아마 졸고 있을지도 모르겠군, 노인은 생각했다. 하지만 저놈이 쉬게 내버려두고 싶진 않아. 죽을 때까지 배를 끌도록 해야겠어.

고물로 되돌아가, 노인은 몸을 돌려 왼손으로 어깨에 걸친 낚싯줄을 지탱하고는 오른손으로 칼집에서 칼을 꺼냈다. 이제는 별빛이 환하게 비춰주어 노인은 만새기를 또렷이 볼 수 있었다. 그는 날카로운 칼날로 놈의 대가리를 잘라 고물 아래로 끌어내버렸다. 노인은 한쪽 발로 고기를 누르고는 놈의 항문에서 아래턱 끝까지 잽싸게 죽 잘라 냈다. 그런 다음 칼을 내려놓고, 오른손으로 내장을 제거하며, 깨끗하게 속을 긁어내고 아가미를 떼어 냈다. 노인이 손에는 미끄덩거리고 묵직한 위가 느껴졌고, 노인은 그것을 잘라 보았다. 안에는 날치 두 마리가 있었다. 날치들은 싱싱하고 살이 단단했다. 노인은 그것들을 나란히 뉘어놓고, 내장과 아가미는 고물 밖으로 던져버렸다. 그것들은 푸른빛의 인광 꼬리를 길게 남기며 물속 아래로 아래로 가라앉았다. 차가워진 만새기는 이제 별빛 아래에서 문둥병 환자처럼 회백색 비늘을 반짝였고, 노인은 오른발로 대가리를 누른 채 만새기의 한쪽 껍질을 벗겨 냈다. 그리고 나서 만새기를 뒤집어 다른 한쪽의 껍질도 벗긴 후, 머리에서부터 꼬리 아래로 양쪽 살을 잘라 냈다.

원문

He started to work his way back to the stern on his hands and knees, being careful not to jerk against the fish. He may be half asleep himself, he thought. But I do not want him to rest. He must pull until he dies.

번역문

노인은 만새기에 대고 몸을 홱 움직이지 않도록 조심하면서, 손과 무릎으로 기어서 고물 쪽으로 되돌아가기 시작했다. 저놈이 아마 졸고 있을지도 모르겠군, 노인은 생각했다. 하지만 저놈이 쉬게 내버려두고 싶진 않아. 죽을 때까지 배를 끌도록 해야겠어.

문장 설명

첫 문장 He ~ knees에서 on은 수단의 의미와 함께 '~에 대다'라는 접촉의 의미를 내포하기 때문에 on (one's) hands and knees는 '납작 엎드려' 손과 무릎을 바닥에 대고'라는 뜻으로 이해하면 되고, work his way back to the stern과 연결해 '일(작업)을 하며 기어서 고물로 돌아가다'로 번역하면 되겠다. 이를 이 문장의 동사 started와 연결하여 풀면 다음과 같다. 노인은 작업을 하며 손과 무릎으로 기어 고물로 돌아가기 시작했다. being ~ fish는 분사 구문으로 번역문처럼 '~하면서'로 번역할 수 있지만 앞에서 문장을 끊고 새 문장으로 시작해도 괜찮다. 번역문의 역자는 the fish를 만새기로 보았지만 이는 (대치 중인) 커다란 물고기를 가리킨다. 따라서 갑작스레 물고기에게 자극을 주지 않기 위해 조심스럽게 움직였다 정도로 번역하면 된다.

He ~ thought에서 He는 '물고기'를, half asleep은 '반수면 상태'를 뜻한다. 이를 번역하면 저놈이 반쯤은 졸고 있을지도 몰라. 노인은 생각했다가 되고 But ~ dies는 문장 그대로 번역해도 되지만 상황에 맞춰 자연스럽게 번역하는 게 좋다. He는 역시 '물고기'를 의미한다. 번역문에는 '죽을 때까지 배를 끌도록 해야겠어'

라고 노인의 의지가 담긴 문장으로 번역했지만 원문은 (주어의) 의무(강요)의 의미로 번역하는 것이 맞다. 하지만 저놈을 쉬게 둘 순 없지. 저놈은 죽을 때까지 배를 끌어야만 해.

실습

_____
_____
_____
_____

원문

Back in the stern he turned so that his left hand held the strain of the line across his shoulders and drew his knife from its sheath with his right hand. The stars were bright now and he saw the dolphin clearly and he pushed the blade of his knife into his head and drew him out from under the stern.

번역문

고물로 되돌아가, 노인은 몸을 돌려 왼손으로 어깨에 걸친 낚싯줄을 지탱하고는 오른손으로 칼집에서 칼을 꺼냈다. 이제는 별빛이 환하게 비춰주어 노인은 만새기를 또렷이 볼 수 있었다. 그는 날카로운 칼날로 놈의 대가리를 잘라 고물 아래로 끌어내버렸다.

문장 설명

Back in the stern은 '고물로 돌아가' 또는 '다시 고물에서'쯤으로 이해하면 된다. he turned ~ right hand의 주요 의미는 he가 turn해서 his left hand로는 the strain (of the line)을 hold하고 right hand로는 his knife를 draw했다는 것이다. 사이사이 수식어나 전치사구 등을 적절하게 번역하여 문장을 완성하면 된다. 여기서 strain of the line은 '(남기는) 줄의 힘'을 뜻하므로 '팽팽한 줄' 정도로 이해하면 되는데 문장에서는 굳이 드러내어 쓰지 않아도 될 것이다. 정리하면 다음과 같다. 고물로 돌아간 노인은 어깨에 걸친 줄을 왼손으로 잡고는 오른손으로 칼집에서 칼을 뺐다.

The ~ stern은 몇 개 문장이 연결되어 하나의 문장을 이룬 중문이다. 이는 크게 The ~ clearly와 he ~ stern으로 나눌 수 있다. The ~ clearly는 '(이제는) 별들이 밝게 빛났고 노인은 만새기를 명확히 보았다'는 뜻이지만 이는 '밝은 별빛에 만새기가 뚜렷하게 보였다'는 의미로 이해하면 되고, he ~ stern의 주요 의미는 he가 the blade (of his knife)를 his head에 put하여 under the stern에서 him을 draw했다는 것이다. his head와 him은 모두 만새기를 뜻하며 blade of his knife는 '칼날'이라는 의미이지만 그냥 '칼'로 써도 무방할 듯하다. head는 번역문처럼 생선에 걸맞은 단어로 써도 좋고 상황에 따라 '머리'라고 써도 된다. draw는 out from과 연결해 '~에서 빼내다(끌어내다)'의 의미로 이해하면 되겠다. 이를 정리하면 다음과 같다. 노인은 만새기 대가리에 칼을 꽂아 고물 바닥에서 (노인 쪽으로) 끌어냈다.

실습

원문

He put one of his feet on the fish and slit him quickly from the vent up to the tip of his lower jaw. Then he put his knife down and gutted him with his right hand, scooping him clean and pulling the gills clear.

번역문

노인은 한쪽 발로 고기를 누르고는 놈의 항문에서 아래턱 끝까지 잽싸게 쭉 잘라 냈다. 그런 다음 칼을 내려놓고, 오른손으로 내장을 제거하며, 깨끗하게 속을 긁어내고 아가미를 떼어 냈다.

문장 설명

첫째 문장 He ~ jaw의 의미는 He가 his feet를 the fish에 put하고 the vent에서 the tip (of his lower jaw)까지 slit했다는 것이다. 여기서 the fish는 '만새기'를 의미하며 put on은 '누르다(밟다)'로, slit은 '가르다'로 번역하는 게 자연스럽다. 노인은 만새기를 한쪽 발로 밟고 항문에서 아래턱 끝까지 재빨리 갈랐다.

둘째 문장 Then ~ clear에서 gut은 '내장을 발라내다'로 이해하면 된다. scooping ~ and pulling ~은 분사 구문으로서, 이미 언급했듯이 새 문장으로 시작해도 되지만 여기서는 순차적으로 연결해서 번역하는 게 좋겠다. scoop him clean은 '(물고기의 속을) 비워서 깨끗하게 만들다'는 뜻이고 pull the gills clear는 '아가미를 완전히 분리해 (뜯어)내다'라는 의미로 보면 된다. 그리고 나서 노인은 칼을 내려놓고 오른손으로 만새기의 내장을 발라내면서 깨끗하게 속을 긁어내고는 아가미도 완전히 떼어 냈다.

실습

원문

He felt the maw heavy and slippery in his hands and he slit it open. There were two flying fish inside. They were fresh and hard and he laid them side by side and dropped the guts and the gills over the stern. They sank leaving a trail of phosphorescence in the water.

번역문

노인의 손에는 미끄덩거리고 묵직한 위가 느껴졌고, 노인은 그것을 잘라 보았다. 안에는 날치 두 마리가 있었다. 날치들은 싱싱하고 살이 단단했다. 노인은 그것들을 나란히 뉘어놓고, 내장과 아가미는 고물 밖으로 던져버렸다. 그것들은 푸른빛의 인광 꼬리를 길게 남기며 물속 아래로 아래로 가라앉았다.

문장 설명

He ~ open에서 felt the maw heavy and slippery는 maw가 heavy하고 slippery하다고 느꼈다는 의미다. 이때 in his hands는 '(두) 손에서' 또는 '(두) 손으로 (들고)'의 의미로 이해하고 적절하게 문장을 만들면 된다. slit open은 '찢어서(갈라서) 열다'라는 뜻이다. it은 '위'를 말한다. 흔히 feel은 '느끼다'로 번역하지만 여기서는 '생각하다'가 적절해 보인다. 아울러 원문의 순서는 'heavy and(무겁고) slippery(미끄럽다)'이지만 바로 이어지는 행동(위를 가르는)의 원인으로 보이는 내용이 뒤에(가까이) 오는 것이 더 자연스럽기 때문에 '~ 미끄러우면서도 (꽤) 무겁다고 생각하고는'으로 번역하는 것이 좋다. 만새기 위를 손으로 든 노인은 그것이 미끄러우면서도 (꽤) 무겁다고 생각하고는 위를 갈라서 열었다.

There ~ inside는 문장 그대로 번역하면 된다. 안에는 날치 두 마리가 있었다.

They ~ stern에서 They는 '날치 두 마리'를 뜻한다. 이 문장에서 drop은 '던져버리다' 또는 '내던지다'로 번역하면 된다. 날치들은 (잡아먹힌 지가 얼마 안 됐는지) 신선하고 단단했다. 노인은 그 두 마리를 나란히 놓고는 (발라낸) 내장과 아가미를 고물 너머로 던져버렸다.

They ~ water는 They가 leave하면서 sink했다는 번역도 가능하고 sink 하면서 leave했다는 번역도 가능하다. They는 guts and gills인데 이는 그대로 반복해서 표현해도 좋고 대명사나 다른 어휘로 표현해도 괜찮다. a trail of phosphorescence는 번역문처럼 '푸른빛의 인광 꼬리'도 괜찮은 표현이지만 실제 '(인광을 내는) 물질이 떨어져 나오면서 빛을 발하는 상황'을 의미한다고 봐야 하기 때문에 간단히 '인광 물질'로 번역하는 것도 생각해볼 수 있다. 다만 trail의 느낌(연속성)을 살린다는 측면에서 '~하면서'로 문장을 풀면 좀 더 나을 것 같다. '인광'은 일상에서 잘 사용하지 않는 단어이기 때문에 어색하게 느껴질 수도 있는데 이럴 때는 실제 우리가 쓰는 말이 있는지 확인해보고—갈치를 생각해보면 될 듯하다—일반적으로 쓰이는 말이 있으면 그 용어를 쓰고 없으면 단어 뜻 그대로 또는 어감을 반영하여 쓰면 된다. 그 찌꺼기들은 인광 물질을 남기면서 물속으로 가라앉았다.

실습

원문

The dolphin was cold and a leprous gray-white now in the starlight and the old man skinned one side of him while he held his right foot on the fish's head. Then he turned him over and skinned the other side and cut each side off from the head down to the tail.

번역문

차가워진 만새기는 이제 별빛 아래에서 문둥병 환자처럼 회백색 비늘을 반짝였고, 노인은 오른발로 대가리를 누른 채 만새기의 한쪽 껍질을 벗겨 냈다. 그리고 나서 만새기를 뒤집어 다른 한쪽의 껍질도 벗긴 후, 머리에서부터 꼬리 아래로 양쪽 살을 잘라 냈다.

문장 설명

The dolphin ~ fish's head에서 him은 만새기를 뜻한다. while은 동시에 행하는 의미로 번역하고 hold ~ head는 '오른발로 물고기 머리를 밟다(누르다)'로 이해하면 된다. 번역문은 leprous를 '문둥병 환자처럼'으로 번역했는데 여기서는 '비늘로 덮인'의 의미로 이해하는 것이 좋겠다. now는 굳이 번역하지 않아도 된다. 만새기는 차가웠고 별빛에 비친 비늘은 회백색을 띠고 있었다. 노인은 오른발로 만새기 대가리를 밟고는 한쪽 껍질을 벗겨 냈다.

Then ~ tail에서 him 역시 '만새기'를 뜻하고 turn over는 '뒤집다'로, cut each side off는 '만새기의 각 면을(만새기의 양면이 나뉘도록) 잘랐다'는 의미로 보면 되는데 이 의미가 읽힌다는 전제하에 '만새기를 반으로 잘랐다' 정도로 번역하면 될 것이다. from ~ tail에서 down은 굳이 번역하지 않아도 되지만 이 경우에는 만새기의 양면을 (잘라서) 나누었다는 의미가 되도록 '아래로'로 번역하는 게 좋겠다. 그런 뒤 노인은 만새기를 뒤집어 다른 쪽 껍질을 벗겨 내고는 대가리에서 아래로 꼬리까지 만새기를 반으로 잘라 냈다. 참고로, 번역문은 then을 '그리고 나서'로 번역했다. 이처럼 '그러고 나서'(또는 '그러고는')를 '그리고 나서'(또는 '그리고는')로 쓰는 경우가 많은데 이는 틀린 표현이다. '그러고 나서'는 '그러다'와 '나다'의 활용형, '그러고는'은 '그러다'의 활용형으로, '그렇게 하고 나서'와 '그렇게 하고는'의 준말로 이해하면 된다. 단어와 단어의 연결이 아닌 동작의 연결에서는 '그리고 나서'와 '그리고는'이 아니라 '그러고 나서'와 '그러고는'으로 써야 한다는 점을 기억하자.

실습

Tip 10

leprous가 네이버 영어사전에는 '나병에 걸린'이라는 뜻만 나와 있고 다음 영어사전에는 생물에 적용되는 용어로 '비늘로 덮인'이라는 뜻이 함께 실려 있다. 앞서 4강에서 언급했지만 두 포털사이트—다음과 네이버—의 인터넷 사전에는 각각 다른 특징이 있는데 이를 잘 파악하면 검색에 도움이 된다.

Tip 11

leprous로 알 수 있듯, 번역하면서 영어 단어를 사전에서 찾을 때에는 그 단어가 어떤 분야, 즉 어떤 내용의 원문에서 쓰인 것인지를 생각하고 그에 맞는 용어(뜻)를 찾아 적용해야 한다. 예컨대 binder라는 단어를 보자. binder는 기본적으로 '묶다(결합하다)'는 의미가 있는 명사로, 다음 영어사전에는 이에 대한 설명으로 '붕대' '끈'이라는 뜻이 먼저 나온다. 그런데 이 단어의 설명을 죽 보면 보험 분야에서는 '가계약'이라는 뜻으로, 화학 분야에서는 '접합제'로, 회화 분야에서는 '전색제'라는 뜻으로 쓰인다는 사실을 알 수 있다. 원문에 맞는 우리말을 찾을 때에는 이처럼 분야에 대한 확인이 필요한 경우도 있음을 기억해야 한다.

최종 교정 예시

노인은 작업을 하며 손과 무릎으로 기어서 고물로 돌아가기 시작했다. 갑작스레 물고기에게 자극을 주지 않기 위해 조심스럽게 움직였다. '저놈이 반쯤은 졸고 있을지도 몰라.' 노인은 생각했다. '하지만 저놈을 쉽게 둘 순 없지. 저놈은 죽을 때까지 배를 끌어야만 해.'

고물로 돌아간 노인은 어깨에 걸쳐 있는 줄을 왼손으로 잡고는 오른손으로 칼집에서 칼을 뺐다. 밝은 별빛에 만새기가 뚜렷하게 보였다. 노인은 만새기 대가리에 칼을 꽂아 고물 바닥에서 만새기를 끌어냈다. 그러더니 만새기를 한쪽 발로 밟고 항문에서 아래턱 끝까지 재빨리 갈랐다. 그러고 나서 노인은 칼을 내려놓고 오른손으로 만새기의 내장을 발라내면서 깨끗하게 속을 긁어내고는 아가미도 완전히 뜯어 냈다. 만새기 위를 손으로 든 노인은 그것이 미끄러우면서도 꽤 무겁다고 생각하고는 위를 갈라서 열어보았다. 안에는 날치 두 마리가 있었다. 날치들은 신선하고 단단했다. 노인은 그 두 마리를 나란히 놓고 내장과 아가미를 고물 너머로 던져버렸다. 그 찌꺼기들은 물에 인광 물질을 남기면서 가라앉았다. 만새기는 차가웠고 별빛에 비친 비늘은 회백색을 띠고 있었다. 노인은 오른발로 만새기 대가리를 밟고 한쪽 껍질을 벗겨 냈다. 그런 뒤 노인은 만새기를 뒤집어 다른 쪽 껍질을 벗겨 내고는 대가리에서 아래로 꼬리까지 만새기를 반으로 잘라 냈다.

16강

교정에 익숙해지기 6

He slid the carcass overboard and looked to see if there was any swirl in the water. But there was only the light of its slow descent. He turned then and placed the two flying fish inside the two fillets of fish and putting his knife back in its sheath, he worked his way slowly back to the bow. His back was bent with the weight of the line across it and he carried the fish in his right hand.

Back in the bow he laid the two fillets of fish out on the wood with the flying fish beside them. After that he settled the line across his shoulders in a new place and held it again with his left hand resting on the gunwale. Then he leaned over the side and washed the flying fish in the water, noting the speed of the water against his hand. His hand was phosphorescent from skinning the fish and he watched the flow of the water against it. The flow was less strong and as he rubbed the side of his hand against the planking of the skiff, particles of phosphorus floated off and drifted slowly astern.

"He is tiring or he is resting," the old man said. "Now let me get through the eating of this dolphin and get some rest and a little sleep."

Under the stars and with the night colder all the time he ate half of one of the dolphin fillets and one of the flying fish, gutted and with its head cut off.

slide 미끄러지게 하다, (물건을) ~에 슬쩍 넣다, 미끄러지다
carcass 시체, (식용 동물의) 도살된 몸통
swirl 소용돌이치다, 현기증이 나다, 소용돌이
descent 내리기, 하강, 혈통
fillet (생선의) 저민 살, (생선의) 뼈를 발라내어 저미다
beside ~의 곁에, ~의 가까이에, ~과(와) 비교하면, 곁에, 나란히
gunwale 뱃전
note ~을(를) 적다, ~을(를) 주의 깊게 관찰하다, ~에 주목하다, 메모, 주석, 편지, 지폐
flow 흐름, 유입, 유출, 흐르다, 거침없이 나오다, 넘치다
rub 문지르다, 닦다, 맞비비다, 몸을 비벼대다
planking 두꺼운 판자
particle 미량, 작은 조각, 입자
phosphorus 인, 인광체
float (off) 뜨다, 떠오르다
drift 떠다니다, 표류하다, 떠돌다, 멀어지다(떠가다)
astern 후방에, 후방으로
tire 지치다, 기운이 빠지다
get through ~을(를) 통과하게 하다, 완성시키다, ~을(를) 하다, ~을(를) 끝내다

번역문

노인은 쓸모없는 찌꺼기를 배 밖으로 슬쩍 흘려 버리면서 물속에 소용돌이가 이는지 지켜보았으나 서서히 가라앉는 물고기 잔해만 희미하게 빛날 뿐이었다. 그

뒤 그는 몸을 돌려, 저며 낸 만새기 살 두 덩이 사이에 날치 두 마리를 끼워 넣고 칼은 다시 칼집에 넣었다. 오른손엔 물고기를 꽉 쥐고, 등을 가로지르는 줄의 무게 때문에 등을 구부린 채, 노인은 이물로 천천히 돌아갔다. 이물에 다다르자 노인은 살코기 두 덩이를 판자 위에 내려놓고 날치도 그 옆에 놓았다. 그런 후, 그는 어깨에 걸친 줄을 고쳐 메었고 뱃전 널빤지에 탄탄하게 받친 왼손으로 다시 줄을 잡았다. 그러고 나서 배 옆면 너머로 몸을 숙여 날치를 바닷물에 씻으면서, 손에 느껴지는 물의 속도를 주의 깊게 관찰했다. 물고기 껍질을 벗겼기 때문에 노인의 손에도 희미한 빛이 묻어 있었다. 손을 거스르는 물의 흐름을 유심히 보니 이제 전만큼 강하지 않았다. 노인이 배의 판자에 자기 손날을 문질러 닦자 빛나는 껍질 부스러기가 손에서 떨어져 바다 표면에 둥둥 뜨더니 선미 쪽으로 천천히 흘러갔다.

"놈은 이제 지쳤나 보군. 아니면 잠시 쉬고 있는지도 모르지." 노인이 중얼거렸다. "이제 나도 이 만새기를 빨리 먹어치우고 좀 쉬든지 자든지 해야겠다."

언제나 선뜩하게 한기가 드는 밤바다 별빛 아래에서 노인은 만새기 저민 살덩이 하나를 반 정도 먹고 손질한 날치도 한 마리 먹었다.

원문

He slid the carcass overboard and looked to see if there was any swirl in the water. But there was only the light of its slow descent. He turned then and placed the two flying fish inside the two fillets of fish and putting his knife back in its sheath, he worked his way slowly back to the bow. His back was bent with the weight of the line across it and he carried the fish in his right hand.

> 번역문

노인은 쓸모없는 찌꺼기를 배 밖으로 슬쩍 흘려 버리면서 물속에 소용돌이가 이는지 지켜보았으나 서서히 가라앉는 물고기 잔해만 희미하게 빛날 뿐이었다. 그 뒤 그는 몸을 돌려, 저며 낸 만새기 살 두 덩이 사이에 날치 두 마리를 끼워 넣고 칼은 다시 칼집에 넣었다. 오른손엔 물고기를 꽉 쥐고, 등을 가로지르는 줄의 무게 때문에 등을 구부린 채, 노인은 이물로 천천히 돌아갔다.

> 문장 설명

첫 문장 He slid ~ the water에서 slid는 slide의 과거형으로 slide는 '미끄러지게 하다' '슬쩍 넣다'는 뜻이 있는데 여기서는 '(밀어서) 깨끗이 치우다'라는 의미로 이해하면 된다. '사체' 또는 '잔해'라는 뜻을 지닌 carcass는 번역문처럼 '쓸모없는 찌꺼기'로 옮겨도 괜찮을 듯하다. 그런데 '찌꺼기'에 '쓸모없다'는 의미가 내포되어 있다고 볼 수 있어서 '쓸모없는'은 굳이 쓰지 않아도 된다. look to see if는 '확인하기 위해 보다' 또는 '보면서 확인하다'라고 번역할 수도 있지만 이 역시 상황상 '~인지 보다' 정도로 번역해도 무방하다. 이 경우 any는 굳이 번역하지 않아도 된다. 노인은 (만새기에서 발라낸) 찌꺼기를 배 밖으로 치워버리고 물속에서 소용돌이가 이는지 쳐다보았다.

But ~ descent에서 light는 앞서 나온 '(찌꺼기에 묻어 있는) 인광'으로 보는 것이 적절하고 이에 맞게 문장을 다듬을 필요가 있다. 부사 only는 '오직 ~뿐'의 의미이지만 문장에 따라 다양하게 표현할 수 있다. its slow descent는 '찌꺼기의 느린 하강'이라는 뜻이다. 문장을 정리하면 다음과 같다. 하지만 보이는 거라곤 찌꺼기가 천천히 가라앉으면서 남기는 인광뿐이었다.

He turned ~ bow에서 then과 and는 시간의 흐름으로 이해하고 He ~ fish와 putting ~ bow로 나누어 번역문을 만들면 되는데 이때 원문대로 한 문장을 만드는 게 기본이지만 두 문장으로 나누어도 괜찮다. 이는 He가 turn하고서 flying fish를 two fillets에 place하고, its sheath에 knife를 put하면서 bow로 work his way back했다는 뜻이다. 여기서 work는 여전히 대치 중인 커다란 물고기와의 싸움을 의미한다. 정리하면 다음과 같다. 노인은 몸을 돌려 두 조각으로 저며 놓은 만새기 안에 날치 두 마리를 넣고 칼을 다시 칼집에 꽂고는 (물고기가 걸려 있는) 줄을 다루면서 천천히 이물 쪽으로 되돌아갔다.

His back ~ hand에서 with는 '원인'으로 번역하는 게 좋겠다. it은 his back을 의미한다. the fish는 그동안 노인과 대치 중인 커다란 물고기를 칭하곤 했지만 여기서는 손질한 만새기와 날치 두 마리를 말하는 것으로 보는 게 적절할 듯하다. 앞서 두 조각으로 저민 만새기 살에 날치 두 마리를 넣어 한 손으로 옮기기 쉽게 작업한 뒤 오른손으로 옮겼다(carry)고 보는 것이 자연스럽다. 정리하면 다음과 같다. 줄이 걸쳐 있는 노인의 등은 물고기의 당기는 힘 때문에 굽어 있었고 노인은 손질한 고기들을 오른손으로 옮겼다. 또 이렇게도 번역할 수 있겠다. 노인의 등은 굽어 있었다. 등에 걸쳐 있는 줄에 놈의 당기는 힘이 그대로 실려 있기 때문이었다. 노인은 손질한 고기들을 오른손으로 옮겼다. 물론 더 자연스럽게 다듬을 수도 있을 것이다.

실습

원문

Back in the bow he laid the two fillets of fish out on the wood with the flying fish beside them. After that he settled the line across his shoulders in a new place and held it again with his left hand resting on the gunwale.

번역문

이물에 다다르자 노인은 살코기 두 덩이를 판자 위에 내려놓고 날치도 그 옆에 놓았다. 그런 후, 그는 어깨에 걸친 줄을 고쳐 메었고 뱃전 널빤지에 탄탄하게 받친 왼손으로 다시 줄을 잡았다.

문장 설명

Book in the bow는 앞서 나온(15강) Back in the stern ~ 의 문장과 같은 구조다. 이 역시 '이물로 돌아가' 또는 '다시 이물에서' 정도로 번역하면 된다. he laid ~ them에서 lay (~out)는 '펼쳐놓다' 또는 '늘어놓다'의 의미다. with 이하는 '그 옆에 날치(두 마리)를 두었다'로 번역하면 된다. 이물로 돌아간 노인은 저민 만새기 살 두 쪽을 뱃전에 펼쳐놓고 그 옆에 날치를 두었다.

After that은 '그 뒤(이후)'이고 he settled ~ gunwale에서 settle (in)은 '정착시키다(자리 잡다)'의 의미이지만 여기서는 new place와 연결해 다른 어휘로 표현하는 것도 좋을 것 같다. 번역문의 '고쳐 메다'는 표현이 좋아 보인다. it은 the line을 의미하며 resting은 '쉬고 있던' 또는 '뱃전 위에 걸쳐두었던'으로 이해하면 된다. 노인은 어깨에 걸쳐 있는 줄을 고쳐 메고, 뱃전 위에 잠시 올려뒀던 왼손으로 다시 줄을 잡았다. 참고로 우리말 '메다'를 '매다'와 혼동하지 않도록 주의한다.

실습

원문

Then he leaned over the side and washed the flying fish in the water, noting the speed of the water against his hand. His hand was phosphorescent from skinning the fish and he watched the flow of the water against it. The flow was less strong and as he rubbed the side of his hand against the planking of the skiff, particles of phosphorus floated off and drifted slowly astern.

번역문

그러고 나서 배 옆면 너머로 몸을 숙여 날치를 바닷물에 씻으면서, 손에 느껴지는 물의 속도를 주의 깊게 관찰했다. 물고기 껍질을 벗겼기 때문에 노인의 손에도 희미한 빛이 묻어 있었다. 손을 거스르는 물의 흐름을 유심히 보니 이제 전만큼 강하지 않았다. 노인이 배의 판자에 자기 손날을 문질러 닦자 빛나는 껍질 부스러기가 손에서 떨어져 바다 표면에 둥둥 뜨더니 선미 쪽으로 천천히 흘러갔다.

문장 설명

Then he ~ his hand에서 lean over는 '앞으로 굽히다' 또는 '~ 너머로 몸을 구부리다'라는 뜻이다. side는 '뱃전' 또는 '선측'으로 번역하면 된다. 번역문은 분사 구문인 noting 이하를 '손에 느껴지는 물의 속도를 주의 깊게 관찰했다'로 옮겼는데 무리 없는 표현인 듯 보이지만 실제 '(손에) 느껴지는(촉각)'과 '관찰하다(시각)'는 말은 호응 관계가 어색하다. 또 '관찰하다'라는 말에 '주의하여 자세히 살펴보다'라는 의미가 있기 때문에 '주의 깊게'는 삭제해도 되는 등 문장을 다듬을 필요가 있다. the speed of the water는 '물의 속도'이긴 하지만 '물살' 정도로 번역해도 괜찮다 이는 '손에 부딪히는 물살을 관찰(주목, 확인)하며' 정도로 번역하면 되겠다. 노인은 배 한쪽 너머로 몸을 구부려 바닷물에 날치를 씻으면서 손에 부딪히는 물살을 관찰했다.

His hand was ~ against it에서 from ~은 원인으로, (be) phosphorescent는 '인광을 내는'이라는 뜻이므로 '인광 물질이 묻어 있다'는 의미로 이해하면 된다. skinning은 동명사로 from의 목적어 구실을 한다. skin은 '껍질을 벗기다'라는 뜻이지만 여기에서는 '손질하다' 정도로 번역해도 무방하다. it은 his hand로 보면 된다. 만새기를 손질하느라 노인 손에는 인광 물질이 묻어 있었고 노인은 손에 부딪히는 물의 흐름을 지켜보았다.

The flow ~ astern에서 less strong은 '(비교해서) 약하다'라는 뜻으로 '약해지다'로 이해하면 된다. as는 의미상, 원인으로 보고 particles ~ astern과 연결해 '~하고 나자, particles가 float off하고 drift했다'로 번역하면 된다. 여기서 particles는 '물질'로 번역해도 무방할 것이다. planking of the skiff는 '선체를 구성하는 판자(널빤지)'라는 뜻이지만 여기서는 '배'라고 해도 괜찮을 것 같다. the side of his hand를 역자는 '손날'로 표현했는데 side에 '측면'이라는 뜻이 있어 그렇게 번역할 여지도 있겠으나 여기서는 손질을 하면서(껍질을 벗기는) 사용한 손의 '면', 즉 '손바닥'으로 보는 것이 더 낫겠다. 물의 흐름은 약해졌고 노인이 배에 대고 손바닥을 문지르자 손에서 떨어진 인광 입자(물질)들이 물에 떠서 서서히 선미 쪽으로 흘러갔다.

실습

> 원문

"He is tiring or he is resting," the old man said. "Now let me get through the eating of this dolphin and get some rest and a little sleep."

Under the stars and with the night colder all the time he ate half of one of the dolphin fillets and one of the flying fish, gutted and with its head cut off.

> 번역문

"놈은 이제 지쳤나 보군. 아니면 잠시 쉬고 있는지도 모르지." 노인이 중얼거렸다. "이제 나도 이 만새기를 빨리 먹어치우고 좀 쉬든지 자든지 해야겠다."

언제나 선뜩하게 한기가 드는 밤바다 별빛 아래에서 노인은 만새기 저민 살덩이 하나를 반 정도 먹고 손질한 날치도 한 마리 먹었다.

> 문장 설명

대화체 문장 중간에 있는 the old man said의 번역 문장은 대화체 문장 앞이니 뒤로 옮겨도 된다. get through the eating은 '먹(어치우)고'의 의미로 보면 되겠다. 여기서 Now는 단순히 시간의 의미로 이해하기보다는 원인 또는 흐름의 의미를 가미해 '그러니 이제', 또는 '그러면 이제' 정도로 번역하는 게 더 자연스럽다. let은 목적어로 타인이 올 경우, '허락하다' '시키다'의 뜻이지만 화자가 목적어인 경우에는 '~을 하게 해달라' '~을 해보고 싶다'로 번역할 수 있다. get some rest는 '조금 휴식하다', get a little sleep은 '잠깐(짧은 시간) 자다'의 뜻이다. 이 부분은 구어체로 좀 더 자연스럽게 풀면 좋다. "저놈이 지쳤거나 쉬고 있는 게 분명해. 그러니 이제 나도 만새기를 먹고 좀 쉬면서 잠깐 눈 좀 붙여야겠어." 노인이 말했다.

Under ~ off에서 Under ~ time은 현재 상황으로 자연스럽게 표현하면 된다. 번역문에서는 이를 '언제나 선뜩하게 한기가 드는 밤바다 별빛 아래에서'라고 옮겼다. 표현은 잘한 듯하다. 다만 all the time을 '언제나'로 번역함으로써 변함없이 밤이 더 춥다는 의미를 강조했는데 여기서 (the night colder) all the time은 노인이 커다란 물고기와 싸우고 있는 그 시간으로, '(기온이 떨어진 밤) 내내' 또는 '(기온이 떨어진 밤) 동안'의 의미로 보아야 한다. 아울러 의미가 중복되는 '선뜩하게'와 '한기'가 함께 쓰였으므로 이 부분 역시 다듬으면 더 좋을 것 같다. half of one of the dolphin fillets는 '만새기 두 쪽 중 한 쪽의 반'이라는 뜻으로 이는 '반 조각' 또는 '반쪽'으로 표현하는 게 더 자연스럽다. gutted ~ off는 flying fish를 수식하는데 번역문처럼 '손질한'으로 써도 괜찮을 것 같고 원문대로 자세히 써도 무방하다. 별빛 아래, 기온이 떨어진 밤 동안 노인은 저며놓은 만새기 반 조각과 (내장을 발라내고 대가리를 잘라 낸) 손질한 날치 한 마리를 먹었다.

실습

최종 교정 예시

노인은 만새기에서 발라낸 찌꺼기를 배 밖으로 치워버리고 물속에서 소용돌이가 이는지 쳐다보았다. 하지만 보이는 거라곤 찌꺼기가 천천히 가라앉으면서 남기는 인광뿐이었다. 노인은 몸을 돌려 두 조각으로 저며놓은 만새기 안에 날치 두 마리를 넣고 칼을 다시 칼집에 꽂고는 물고기가 걸려 있는 줄을 다루면서 천천히 이물 쪽으로 되돌아갔다. 등에 걸쳐 있는 줄에 놈의 당기는 힘이 그대로 실려 있어서 노인은 굽은 자세로, 손질한 고기들을 오른손으로 옮겼다.

이물로 돌아간 노인은 저민 만새기 살 두 쪽을 뱃전에 펼쳐놓고 그 옆에 날치를 두었다. 그러고는 어깨에 걸쳐 있는 줄을 고쳐 메고 뱃전 위에 잠시 올려뒀던 왼손으로 다시 줄을 잡았다. 노인은 배 한쪽 너머로 몸을 구부려 바닷물에 날치를 씻으면서 손에 부딪히는 물살을 관찰했다. 만새기를 손질하느라 노인의 손에는 인광 물질이 묻어 있었고 노인은 손에 부딪히는 물의 흐름을 지켜보았다. 물의 흐름은 약해졌고 노인이 배에 대고 손바닥을 문지르자 손에서 떨어진 인광 물질들이 물에 떠서 서서히 고물 쪽으로 흘러갔다.

"저놈이 지쳤거나 쉬고 있는 게 분명해. 그러니 이제 나도 만새기를 먹고 좀 쉬면서 잠깐 눈 좀 붙여야겠어." 노인이 말했다.

별빛 아래, 기온이 떨어진 밤 동안 노인은 저며놓은 만새기 반 조각과, 내장을 발라내고 대가리를 잘라 낸 날치 한 마리를 먹었다.

17강
교정에 익숙해지기 7

"You better be fearless and confident yourself, old man," he said. "You're holding him again but you cannot get line. But soon he has to circle."

The old man held him with his left hand and his shoulders now and stooped down and scooped up water in his right hand to get the crushed dolphin flesh off of his face. He was afraid that it might nauseate him and he would vomit and lose his strength. When his face was cleaned he washed his right hand in the water over the side and then let it stay in the salt water while he watched the first light come before the sunrise. He's headed almost east, he thought. That means he is tired and going with the current. Soon he will have to circle. Then our true work begins.

After he judged that his right hand had been in the water long enough he took it out and looked at it.

"It is not bad," he said. "And pain does not matter to a man."

He took hold of the line carefully so that it did not fit into any of the fresh line cuts and shifted his weight so that he could put his left hand into the sea on the other side of the skiff.

fearless 무서움을 모르는, 용감한

confident 확신하는, 자신 있는

stoop 몸을 구부리다, 웅크리다, 허리를 굽히다

crush 눌러 부수다, 으깨다, 박살 내다, 괴멸시키다, 밀어 넣다, 부서지다

flesh 살, 고기, 피부, 사람

afraid 두려워하여, 걱정하여

nauseate ~에게 구역질 나게 하다, ~에게 혐오감을 주다

vomit 음식을 토하다, 뿜어 나오다, 분출하다, 구토, 분출

lose 잃다, 없애다, ~을(를) 놓치다, 지다(패하다)

sunrise 일출, 해돋이, 초기

judge ~을(를) 재판하다, ~을(를) 판단하다

matter 중요하다, 물질, 문제

fit ~에 적합하다, ~에 꼭 맞다, 알맞은, 적당한

번역문

"자, 두려워 말고 자신감을 가지게나. 이 노인네 양반" 노인은 혼자 중얼거렸다. "자네가 낚싯줄을 더 끌어 올릴 수는 없지만, 놈을 다시 잡고 있지 않나! 그렇지만 놈은 곧 빙빙 맴돌게 되겠지."

노인은 지금 왼손으로 낚싯줄을 잡고 양어깨의 힘으로 버티며 허리를 굽혀서 얼굴에 붙어 있는 뭉개진 만새기 살점을 떼어 내기 위해 오른손으로 물을 퍼 올렸다. 노인은 이렇게 움직이는 게 멀미를 나게 해서 토하게 되고 그래서 힘이 빠지게 될까 봐 두려웠다.

물로 얼굴을 씻어 깨끗해지자, 노인은 오른손을 배 옆쪽의 바닷물에 씻고서, 해 뜨기 전에, 동이 트는 것을 지켜보는 동안 오른손을 바닷물에 담가두었다. 손으로 물의 흐름을 느껴보니 놈이 거의 동쪽으로 향하고 있군. 노인은 생각했다. 그것은

놈이 지쳐서 해류를 탈 거라는 의미인데. 놈이 곧 빙빙 맴돌게 되겠군. 그러면 우리의 진정한 고투가 시작되겠지.

　노인은 그의 오른손을 바닷물에 충분히 담가두었다고 여겨지자, 손을 물에서 빼내어서 바라보았다.

　"손 상태가 그렇게 나쁘지 않군." 노인은 혼잣말했다. "그리고 고통은 사나이에게 문제가 되지 않지." 노인은 낚싯줄이 새롭게 줄에 베인 어떤 곳에도 닿지 않도록 조심해서 잡았고, 배에 맞은편 바닷물에 왼손을 담그려고 몸의 무게를 이동했다.

원문

"You better be fearless and confident yourself, old man," he said. "You're holding him again but you cannot get line. But soon he has to circle."

번역문

"자, 두려워 말고 자신감을 가지게나. 이 노인네 양반" 노인은 혼자 중얼거렸다.

"자네가 낚싯줄을 더 끌어 올릴 수는 없지만, 놈을 다시 잡고 있지 않나! 그렇지만 놈은 곧 빙빙 맴돌게 되겠지."

문장 설명

　번역문은 old man을 '노인네 양반'이라고 표현했다. 여기서는 노인이 자기 자신을 가리키는 말이라 이런 표현도 괜찮다. better는 had better(~하는 것이 좋다)에서 had가 생략된 것이다. 번역문은 said를 '혼자 중얼거렸다'로 번역했는데 이 역시 정황상 가능한 표현이다.

　그다음 문장은 '줄을 다시 잡고는 있지만 끌어 올릴 수는 없다'는 의미이다. 그러나 역자는 앞 문장과의 호응을 고려해 '자네가 낚싯줄을 더 끌어 올릴 수는 없지만, 놈을 다시 잡고 있지 않나'로 번역했다. 한편으로는 괜찮아 보이지만 정확한 의미를 따지자면 원문과는 조금 다르다. 사실 원문은 '놈을 다시 잡고 있잖아(있지 않나). 하지만 저놈은 꼼짝도 하지 않는군'으로 이해해야 한다. 그다음에 오는 But ~ circle은 "그래도 곧 있으면 분명 돌긴 할 거야"로 이어주면 된다.

실제 but이나 though 등 역접의 의미를 지닌 접속사가 어떤 문장 다음에 와서 하나의 절을 이끌며 중문을 이루는 경우, 접속사 뒤의 문장을 그 앞 문장과 어떻게 연결하느냐에 따라 문장 의미나 어감이 미묘하게 달라진다. 문장의 방점이 달리 찍힌다고 해야 할까? 번역문과 앞의 설명에서 예시한 문장을 비교해보면 알 것이다. 따라서 접속사 앞뒤 문장이 의미상 어떤 관계에 있는지 좀 더 정확하게 이해할 필요가 있다.

『노인과 바다』를 보면 물고기가 갑작스럽게 요동치는 바람에 노인이 넘어지는 장면을 묘사한 대목이 있는데 이 문장은 그 후에 노인이 하는 말이다. 이런 상황을 이해하고 번역한다면 좀 더 적절한 단어 사용이 가능할 것이다. 하지만 여기서는 그 내용을 모르므로 단어 그대로 번역하는 것은 문제될 것이 없다. 다만 그렇다 하더라도 내용상 커다란 물고기와 계속 대치 중인 상황임을 감안하고 좀 더 적절한 단어를 선택할 필요가 있다. 그런 의미에서 again은 '다시'라는 뜻이지만 '여전히'라고 번역해도 괜찮다. 우리말 어감상 '다시'라고 하면 단절이 전제되는 느낌인데 여기서는—앞부분에서 순간적으로 어떤 일이 일어났었든—그렇게 생각할 만큼의 단절은 없다고 봐야 하기 때문이다.

has to circle은 앞서 언급했듯이 '분명 돌 것이다'라는 뜻으로 이해하면 된다. 생각해보건대, 낚시에 걸린 커다란 물고기가 배를 끌고 도망가다가 힘이 빠지면 더 이상 전진하지 못하고 원을 그리듯 도는 것이 자연스럽게 느껴진다. 다만 여기서 '돌다'가 방향을 '돌리다'나 몸을 '돌리다'는 의미로도 읽힌다면, 중첩되는 느낌은 없지 않지만, '원을 그리며 돌다'로 번역하는 것이 더 낫겠다. 정리하면 다음과 같다. "겁먹지 말고 자신감을 가지라고, 이 노인네야. 여전히 놈을 잡고 있는 건 자네이지 않은가. 하지만 저놈은 (정말) 꼼짝도 하지 않는군. 그래도 곧 있으면 저놈이 분명 (원을 그리며) 돌긴 할 거야." 노인이 말했다.

실습
_____
_____
_____

원문

The old man held him with his left hand and his shoulders now and stooped down and scooped up water in his right hand to get the crushed dolphin flesh off of his face. He was afraid that it might nauseate him and he would vomit and lose his strength.

번역문

노인은 지금 왼손으로 낚싯줄을 잡고 양어깨의 힘으로 버티며 허리를 굽혀서 얼굴에 붙어 있는 뭉개진 만새기 살점을 떼어 내기 위해 오른손으로 물을 퍼 올렸다. 노인은 이렇게 움직이는 게 멀미를 나게 해서 토하게 되고 그래서 힘이 빠지게 될까 봐 두려웠다.

문장 설명

The old man ~ face의 기본 구조와 중심 내용은, old man이 him을 hold한 상태로 stoop하고 scoop해서 face에서 flesh를 get off했다는 것이다. with his left hand와 in his right hand는 각 동사 의미에 맞게 서로 다른 전치사를 쓴 것으로, 번역문처럼 각각 '왼손으로', '오른손으로'로 토씨(조사)를 똑같게 옮겨도 된다. with와 in의 어감을 동사와 연결해서 이해하면 되는 것이다.

두 어깨가 언급되는 부분이 번역문에는 '(지금 왼손으로 낚싯줄을 잡고) 양어깨의 힘으로 버티며'라고 번역되었는데 그 뒤 문구 '허리를 굽혀'와 연결이 매끄럽지 않은 느낌을 준다. '어깨로 버티며'와 '허리를 굽히는 것'이 어감상 똑 떨어지는 호응 관계가 아니기 때문에 좀 더 다듬으면 좋겠다. 여기서 어깨를 활용하는 건 버티려는 목적보다는 줄이 어깨와 등에 걸쳐 있기 때문으로 보아야 한다. 버틴다는 의미가 상황에 맞지 않는다는 말은 아니지만 원문을 굳이 그렇게 이해할 필요는 없다는 뜻이다. now는 번역하지 않아도 될 것으로 보인다. get something off는 'something을 제거하다'로 번역하면 되고 of는 분리, 제거의 뜻이 담긴 '~에서'로 이해하면 된다. 노인은 어깨에 걸쳐 있는 줄을 왼손으로 잡고는 몸을 웅크려 오른손으로 바닷물을 퍼 올렸다. 그런 뒤 자신의 얼굴에 뭉개져 있는 만새기 살을 닦아 냈다.

He was afraid ~ his strength는 'that 이하 할까 봐 걱정했다(불안했다)'로 번역해도 되지만 '걱정했기(불안했기) 때문이다'로 번역해도 괜찮다. 앞 문장과 인과관계로도 연결될 수 있기 때문이다. 번역문의 역자는 it을 행위를 받는 대명사로보았지만 여기서 it은 '뭉개진(짓이겨진) 만새기 살'을 가리킨다. might와 would 모두 가정의 의미를 지닌 조동사로, 각 동사에 그 의미를 담아 자연스럽게 풀면 될 것이다. 다음과 같이 번역하면 무난할 것 같다. 혹시라도 자신의 얼굴에 묻은 만새기 살 냄새가 역거워 구토를 하고, 또 그 때문에 힘이 빠질까 불안했기 때문이다.

실습

원문

When his face was cleaned he washed his right hand in the water over the side and then let it stay in the salt water while he watched the first light come before the sunrise. He's headed almost east, he thought. That means he is tired and going with the current. Soon he will have to circle. Then our true work begins.

번역문

물로 얼굴을 씻어 깨끗해지자, 노인은 오른손을 배 옆쪽의 바닷물에 씻고서, 해 뜨기 전에, 동이 트는 것을 지켜보는 동안 오른손을 바닷물에 담가두었다. 손으로 물의 흐름을 느껴보니 놈이 거의 동쪽으로 향하고 있군. 노인은 생각했다. 그것은 놈이 지쳐서 해류를 탈 거라는 의미인데. 놈이 곧 빙빙 맴돌게 되겠군. 그러면 우리의 진정한 고투가 시작되겠지.

문장 설명

첫째 문장에서 When은 '~ 하고 나서(~ 한 뒤)'로 번역하면 된다. over the side는 '뱃전 너머'로 이해하면 되는데 굳이 드러내어 번역하지 않아도 될 듯하고, and then 앞에서 문장을 한 번 끊어도 될 것 같다. it은 right hand를 가리키고 let it stay는 '(it을 소금물에 담근 채) 그대로 두었다'로 이해하면 된다. salt water는 '바닷물'을 의미하지만 원문의 의도를 살리는 것이 좋겠다. while은 동시 상황으로 문장 속에 자연스럽게 담아내면 된다. watched ~ come은 '~이 come하는 것을 보았다'는 의미다. first light는 기본적으로 '첫 번째 빛'이라는 뜻이지만 '여명(새벽, 동틀 녘)'이라는 의미도 있다. 여기서는 '여명이 비치다' 정도로 이해하면 될 것이다. 또한 동이 트는 것(여명)이 해 뜨기 전을 의미하므로 여기서 해 뜨기 전(before the sunrise)은 번역하지 않는 것이 좋겠다. 얼굴에 묻은 만새기를 깨끗이 닦아 낸 뒤 노인은 (뱃전 너머) 바닷물에 오른손을 씻었다. 그리고 나서 그 소금물에 오른손을 그대로 담근 채 여명을 지켜보았다.

He's headed ~ work begins는 노인의 생각을 나타내는데 짧은 문장 네 개가 나열되어 있다. 복문과 중문이 있지만 지금까지 보아온 저자의 서술 방식—주로 단문보다는 중문과 복문의 긴 문장—과는 약간 다른 느낌이다. 이런 경우에는 문장을 그대로 살려 번역하는 것이 좋다. go with는 '~과 함께 가다' '~을 따라가다'라는 뜻으로 이해하면 된다.

true work에서 true는 부사처럼 번역하고 work는 '싸움'으로 번역하면 더 자연스러울 것 같다. '저놈이 거의 동쪽으로 움직이고 있어. 그건 지쳐서 조류에 제 몸을 맡기고 있다는 뜻이지. 그렇다면 분명 곧 원을 그리며 돌게 될 거야. 그때 진짜 우리의 싸움이 시작되는 거라고.' 노인이 생각했다.

실습

원문

After he judged that his right hand had been in the water long enough he took it out and looked at it.

"It is not bad," he said. "And pain does not matter to a man."

번역문

노인은 그의 오른손을 바닷물에 충분히 담가두었다고 여겨지자, 손을 물에서 빼내어서 바라보았다.

"손 상태가 그렇게 나쁘지 않군." 노인은 혼잣말했다. "그리고 고통은 사나이에게 문제가 되지 않지."

> **문장 설명**

After he judged ~ look at it에서 After는 기본적으로 '~한 뒤'라는 의미인데 이 어감을 나타낼 수 있는 말이면 어떤 표현도 가능하다. judge는 '판단하다' '평가하다'라는 뜻이 강하지만 '생각하다'로 번역할 수도 있다. it은 right hand를 가리킨다. 이 문장은 he가 that 이하라고 judge한 뒤 it을 take out해서 look했다는 말이다. 번역문에서 '노인은 ~ 여겨지자' 부분은 주어와 술어 호응이 적절하지 않으며, 혹 주어를 따로 떼어 쉼표 뒤 '손을 ~ 바라보았다'와 연결해도 '그의 ~ 여겨지자' 구절이 매끄럽지 않아 보인다. 앞서 언급했듯이 우리는 능동 표현을 선호하기 때문에 꼭 필요한 경우가 아니라면 수동이나 피동 표현보다는 능동 표현을 쓰는 것이 좋다. 다음처럼 정리할 수 있겠다. 오른손을 물속에 충분히 오랜 시간 담그고 있었다고 생각한 노인은 손을 뺀 뒤 가만히 그 손을 살펴보았다. look이라는 단어 자체에 '의도적으로 본다'는 의미가 있는 데에다 이 상황을 유추해보면 정리한 문장처럼 '가만히 살펴보다'는 표현이 적절한 듯하다.

큰따옴표가 있는 대화체 문장에서 man은 '남자(사나이)'로 번역해야 하는데, 물론 의미는 벗어나긴 하겠지만, '뱃사람'으로 번역해도 괜찮을 것 같다. "나쁘지 않군. 게다가 사나이에게 고통은 아무것도 아니지." 노인이 말했다.

> **실습**

원문

He took hold of the line carefully so that it did not fit into any of the fresh line cuts and shifted his weight so that he could put his left hand into the sea on the other side of the skiff.

번역문

노인은 낚싯줄이 새롭게 줄에 베인 어떤 곳에도 닿지 않도록 조심해서 잡았고, 배에 맞은편 바닷물에 왼손을 담그려고 몸의 무게를 이동했다.

문장 설명

이 문장은 He ~ cuts와 and 이하로 나누어 번역한다. 물론 and 이하의 주어 역시 He이다. take hold of는 '~을 잡다(쥐다)'라는 뜻이다. fit into는 '~에 꼭 들어맞다' 또는 '적합하다'라는 의미인데 cut이 '상처'를 의미하므로 '상처에 닿는' 정도로 이해하면 된다. weight를 shift했다는 말은 '무게중심을 바꿨다'는 말로 왼손을 바닷물에 담그기 위해 몸의 무게중심을 오른쪽에서 왼쪽으로 옮겼다고 생각하면 된다. 앞서 간략히 언급했듯이 보통 so that은 목적의 의미로서 '~하도록 ~하다'로 번역할 수 있지만 결과의 의미로 '~해서 ~하다'로도 번역이 가능하다. (so 앞) 쉼표의 유무, that 이하에 사용한 (조)동사, so 앞의 내용과 that 이하 내용의 상호 관계 등을 잘 파악해서 적절하게 번역해야 한다. 이 문장에서는 두 가지 번역 예를 모두 확인할 수 있다. 노인은 줄을 조심스럽게 잡아 새로 생긴 상처에 닿지 않게 하고는 반대편 뱃전 너머 바닷물에 왼손을 담그려고 무게중심을 (오른쪽에서 왼쪽으로) 옮겼다.

실습

> **최종 교정 예시**

"겁먹지 말고 자신감을 가지라고, 이 노인네야. 여전히 놈을 잡고 있는 건 자네이지 않은가. 하지만 저놈은 정말 꼼짝도 하지 않는군. 그래도 곧 있으면 저놈이 분명 원을 그리며 돌긴 할 거야." 노인이 말했다.

노인은 어깨에 걸쳐 있는 줄을 왼손으로 잡고는 몸을 웅크려 오른손으로 바닷물을 퍼 올렸다. 그런 뒤 자신의 얼굴에 뭉개져 있는 만새기 살을 닦아 냈다. 혹시라도 자신의 얼굴에 묻은 만새기 살 냄새가 역겨워 구토를 하고, 또 그 때문에 힘이 빠질까 불안했기 때문이다. 얼굴에 묻은 만새기를 깨끗이 닦아 낸 뒤 노인은 바닷물에 오른손을 씻었다. 그리고 나서 그 소금물에 오른손을 그대로 담근 채 여명을 지켜보았다. '저놈이 거의 동쪽으로 움직이고 있어. 그건 지쳐서 조류에 제 몸을 맡기고 있다는 뜻이지. 그렇다면 분명 곧 원을 그리며 돌게 될 거야. 그때 진짜 우리의 싸움이 시작되는 거라고.' 노인이 생각했다.

오른손을 물속에 충분히 오랜 시간 담그고 있었다고 생각한 노인은 손을 뺀 뒤 가만히 그 손을 살펴보았다.

"나쁘지 않군. 게다가 사나이에게 고통은 아무것도 아니지." 노인이 말했다.

노인은 줄을 조심스럽게 잡아 새로 생긴 상처에 닿지 않게 하고는 반대쪽 뱃전 너머 바닷물에 왼손을 담그기 위해 무게중심을 오른쪽에서 왼쪽으로 옮겼다.

18강 교정에 익숙해지기 8

"You did not do so badly for something worthless," he said to his left hand. "But there was a moment when I could not find you."

Why was I not born with two good hands? he thought. Perhaps it was my fault in not training that one properly. But God knows he has had enough chances to learn. He did not do so badly in the night, though, and he has only cramped once. If he cramps again let the line cut him off.

When he thought that he knew that he was not being clear-headed and he thought he should chew some more of the dolphin. But I can't, he told himself. It is better to be light-headed than to lose your strength from nausea. And I know I cannot keep it if I eat it since my face was in it. I will keep it for an emergency until it goes bad. But it is too late to try for strength now through nourishment. You're stupid, he told himself. Eat the other flying fish.

It was there, cleaned and ready, and he picked it up with his left hand and ate it chewing the bones carefully and eating all of it down to the tail.

It has more nourishment than almost any fish, he thought. At least the kind of strength that I need. Now I have done what I can, he thought. Let him begin to circle and let the fight come.

worthless 가치 없는, 쓸모없는
perhaps 아마, 어쩌면, ~일지도 모른다, ~일 것이다
fault 결점, 흠, 잘못, 과실
train 훈련시키다, ~을(를) 가르치다, 양성하다, 다루다
properly 적당히, 적절히, 알맞게
God knows 누가(어찌) 알겠나, 아무도 모른다
once 한때, 이전에, 한 번
clear-headed 두뇌가 명석한, 냉철한
chew ~을(를) 씹다, ~잘 씹어 먹다, 신중히 생각하다
light-headed 현기증이 나는, 경솔한, 생각이 모자라는
nausea 구역질, 뱃멀미, 증오
emergency 긴급(비상)사태, 돌발 사건, 긴급한 경우
nourishment 음식물, 자양물, 영양(물)
stupid 어리석은, 바보 같은, 바보, 멍청이
ready 준비가 된, 곧 ~할 수 있는
bone 뼈, 골질
tail 꼬리, 뒷부분
at least 최소한, 적어도, 하여간, 아무튼

> 번역문

"변변치 못한 손치곤 그렇게 나쁘지 않네." 노인은 왼손을 바라보며 말했다. "하지만 굳이 왼손 너를 사용하지 않고 오른손만으로도 충분할 때가 있었지." 왜 난 두 손 모두 튼튼하지 못할까? 노인은 생각했다.

그건 아마 한 손을 적절하게 훈련하지 못한 내 잘못이 크지 싶었다.

그러나 생각해보면 왼손도 단련시킬 수 있는 기회는 충분했다.

왼손은 밤에 단지 한 번 쥐가 났을 뿐, 상태가 그리 나쁘진 않았다.

만약 왼손이 또다시 쥐가 나서 휘어진다면 낚싯줄에 손이 잘려 나가도록 내버려 둬야겠어.

노인은 이런 생각을 하며, 자신의 정신이 흐트러졌다는 것을 깨달았고 만새기를 조금 씹어 먹어야겠다고 생각했다.

하지만 그렇게 못하겠어. 노인이 중얼거렸다. 속이 메스꺼워서 기운을 잃는 것보다는 약간 어지러운 편이 나았다.

얼굴이 만새기 살 조각에 처박혀서 만새기를 먹어버리면 맑은 정신을 계속 유지할 수 없다는 것을 알았다. 그래도 유사시를 대비해서 상하기 전까지는 갖고 있어야 했다.

하지만 뭐든 음식을 먹어서 기운을 차리기엔 이미 너무 늦은 상태였다.

이 바보 같은 늙은이! 노인은 자책했다. 다른 날치를 먹어야겠어.

날치는 손질해서 먹기 좋게 놓여 있었다. 노인은 왼손으로 날치를 집어 들고 조심스럽게 뼈째 꼭꼭 씹어서 한 마리를 꼬리까지 전부 먹어치웠다. 날치는 그 어떤 생선보다 더 훌륭한 영양식이지. 노인은 생각했다. 저어도 내가 기운을 찾는 데는 딱이야. 지금은 이게 최선이야. 노인은 생각했다.

자, 녀석이 빙빙 도는 것을 시작하게 해서 녀석과 한판 붙어보자.

원문

"You did not do so badly for something worthless," he said to his left hand. "But there was a moment when I could not find you."

> 번역문

"변변치 못한 손치곤 그렇게 나쁘지 않네." 노인은 왼손을 바라보며 말했다. "하지만 굳이 왼손 너를 사용하지 않고 오른손만으로도 충분할 때가 있었지."

> 문장 설명

You는 첫 문장 뒤에서 알 수 있듯이 left hand를 가리킨다. do는 '일하다'의 의미로 보면 된다. 여기서 badly는 '몹시' 또는 '심하게'의 뜻으로 보고 do와 연결해 '심하게 일하다(고생하다)'의 의미로 이해하면 되겠다. find에는 '찾다' '발견하다'는 뜻 외에, '(신체 부분을) 쓸 수 있게 되다'라는 뜻도 있다. 예컨대, 우리말에 자연스럽게 옮기면 '다시 말할 수 있게 되었어(I found my voice again)'와 같은 용례인데 여기서도 그와 유사한 의미로 쓰였다고 보아야 한다. 따라서 '너를 찾을 수 없었다'는 말은 실제 왼손을 '발견하지' 못했다는 말이 아니라 '쓸 수 없었다'는 말로 이해해야 한다. "쓸모없는 일을 위해 그렇게 고생한 건 아니었으니까. 하지만 너를 쓸 수 없었던 때도 있었지." 노인이 자신의 왼손을 보며 말했다.

> 실습

> 원문

Why was I not born with two good hands? he thought. Perhaps it was my fault in not training that one properly. But God knows he has had enough chances to learn. He did not do so badly in the night, though, and he has only cramped once. If he cramps again let the line cut him off.

> 번역문

왜 난 두 손 모두 튼튼하지 못할까? 노인은 생각했다.
그건 아마 한 손을 적절하게 훈련하지 못한 내 잘못이 크지 싶었다.
그러나 생각해보면 왼손도 단련시킬 수 있는 기회는 충분했다.
왼손은 밤에 단지 한 번 쥐가 났을 뿐, 상태가 그리 나쁘진 않았다.
만약 왼손이 또다시 쥐가 나서 휘어진다면 낚싯줄에 손이 잘려 나가도록 내버려 둬야겠어.

> 문장 설명

good은 다양하게 활용되는 단어인데 이 단락 첫 문장에서는 '힘이 좋은'의 의미로 보면 적절할 것 같다. 여기서 신경 써야 할 점은 부정어 not과 '힘센 두 손'의 연결이다. 문장 그대로 '힘센 두 손을 갖고(두 손 다 힘을 잘 쓸 수 있게) 태어나지 않았을까'라고 하면 둘 다 힘이 세지 않다는 의미로도 읽힐 수 있기 때문이다. 따라서 여기서는 오히려 한 손을 지칭하는 게 더 정확한 번역이 될 수 있다.

둘째 문장의 that one은 '그 하나'로 '왼손'을 의미한다. fault in ~은 '~한 실수(~에 결함이 있다)'로 이해하면 된다.

But ~ learn에서 But은 쉽게 생각해서 '하지만' 또는 '그러나'로 번역하기보다 앞 문장과의 호응을 감안해 '아니' 정도로 번역하는 것이 좋겠다. God knows는 '하나님(신)만이 아신다'는 뜻으로 '누가 알겠는가'라는 의미가 있다. 따라서 이어지는 문장 자체는 긍정문이지만 의미상 부정을 내포한다고 보아야 하고 번역 또한 그렇게 해야 한다. he는 that one 즉 '왼손'을 뜻한다. 여기서 learn은 '배우다'라는 표현보다 '힘의 증대'에 어울리는 어휘로 옮기는 게 좋다.

He did not ~ cramped once에서 badly는 '나쁘게'라는 의미로 쓰였다. do는 '(일을) 하다' '운영되다'라는 뜻이지만 여기서는 '(상태가) ~하다'로 이해하면 된다. 여기서도 He(he)는 '왼손'을 의미한다. and 뒤 문장의 시제는 현재완료로 의미상 '경험'으로 이해하면 되고, only가 cramped를 수식하고 once는 '한 번'이라는 뜻이므로 '한 번 쥐(로 인한 마비)가 났(왔)을 뿐이다'로 번역하면 된다.

마지막 문장에 나오는 let ~ off는 가정문의 주절로, let+목적어(the line)+동사(cut)+목적어(him)+부사(off) 구조인데 'the line이 him을 cut off하게 하다'라는 의미다. 이는 let의 다소 소극적인 어감과는 다를지라도 소설 속 표현상 조금 과격하게 표현해도 좋을 것 같다. 나는 왜 한 손이 약하게 태어난 걸까? 어쩌면 이놈을 적절히 훈련시키지 않은 내 잘못인지도 몰라. 아니, 이놈에게는 힘을 키울 기회가 충분하지 않았던 건지도 모른다고. 그래도 지난밤에는 그렇게 고생하지도 않았고 쥐로 인한 마비도 단 한 번뿐이었지. 만약 또다시 쥐가 난다면 그땐 줄로 손모가지를 잘라버려야겠다. 참고로 이번 강(講)에는 원문과 문장 배치가 다른 번역문이 다수 있다. 이 역시 초보 번역가의 번역문을 그대로 옮겨놓은 것인데, 번역문은 영어와 국어의 문법적 차이로 인해 그 표기를 달리해야 하는 경우—문장부호 등—를 제외하고는 문장의 배치도 원문과 같게 하는 것이 기본이다.

실습

원문

When he thought that he knew that he was not being clear-headed and he thought he should chew some more of the dolphin. But I can't, he told himself. It is better to be light-headed than to lose your strength from nausea.

> 번역문

노인은 이런 생각을 하며, 자신의 정신이 흐트러졌다는 것을 깨달았고 만새기를 조금 씹어 먹어야겠다고 생각했다.

하지만 그렇게 못하겠어. 노인이 중얼거렸다. 속이 메스꺼워서 기운을 잃는 것보다는 약간 어지러운 편이 나았다.

> 문장 설명

첫째 문장 When ~ dolphin에서 When 절은 첫 번째 that까지이고, 그 첫 번째 that은 지시대명사로 앞서 했던 생각(들)을 의미한다고 보면 된다. 두 번째 that은 목적절을 이끄는 접속사이다. thought that은 '그것을 생각했다'로도 '그런 생각을 했다'로도 번역이 가능하다. clear-headed는 '두뇌가 명석한' 또는 '냉철한'의 뜻이 있지만 여기서는 평가의 의미가 아니라 상황에 따른 변화의 의미이기 때문에 그에 걸맞게 번역해야 한다. 이 문장에서는 not과 연결하여 '머리가 맑지 않은' 또는 '머리가 무거운'으로 표현하면 된다.

둘째 문장 But ~ himself에서 tell himself는 '혼잣말을 하다' 또는 '중얼거리다' 정도로 번역할 수 있겠다. 혼잣말은 큰따옴표를 활용하면 된다. 그런 생각을 하면서 노인은 머리가 무겁다고 느꼈고 저며놓은 만새기 살을 좀 더 (씹어) 먹어야겠다고 생각했다. "하지만 그럴 순 없어." 노인이 중얼거렸다.

It ~ nausea에서는 to be를 주어로 이해하고 from은 원인으로 번역하면 된다. light-headed는 '머리가 어지러운'이라는 뜻이지만 앞선 번역—머리가 무겁다—을 그대로 옮겨도 괜찮을 것 같다. 물론 not being clear-headed를 '머리가 어지럽다'로 번역해도 무방하다. (괜히 먹었다가) 토해서 힘이 빠지는 것보다야 머리가 무거운 게 더 낫잖아.

> 실습

원문

And I know I cannot keep it if I eat it since my face was in it. I will keep it for an emergency until it goes bad. But it is too late to try for strength now through nourishment. You're stupid, he told himself. Eat the other flying fish.

번역문

얼굴이 만새기 살 조각에 처박혀서 만새기를 먹어버리면 맑은 정신을 계속 유지할 수 없다는 것을 알았다. 그래도 유사시를 대비해서 상하기 전까지는 갖고 있어야 했다.
하지만 뭐든 음식을 먹어서 기운을 차리기엔 이미 너무 늦은 상태였다.
이 바보 같은 늙은이! 노인은 자책했다. 다른 날치를 먹어야겠어.

문장 설명

번역문의 첫 문장에 나오는 인과관계는 논리적으로 이해하기가 어렵다. 원문 첫째 문장 And I ~ in it에서 if는 양보의 의미로, since는 '원인'으로 보아야 한다. I know는 굳이 '난 알아'라고 옮길 필요는 없다. 또 문장에 그 의미가 담겨 있다면 드러내어 번역하지 않아도 된다. keep it은 '(신선하게) 보존하다' 또는 '(오래) 두다'의 의미로 이해해야 한다. 그리고 (두었다가) 먹는다 하더라도 내 얼굴이 닿았었기 때문에 오래 둘 수는 없을 거야.

둘째 문장 I ~ bad에서 for는 '~용(용도)', bad는 '(음식물이) 상한'의 뜻이다. will keep 역시 우리 머리에 각인된 대로 '보관할(갖고 있을) 것이다'만 생각하지 말고 어감을 이해하고 자연스럽게 표현한다. 상할 때까지 비상용으로 놔둬야지(놔두자고).

But ~ nourishment에서 too ~ to 역시 '너무 ~해서 ~할 수 없다'는 의미로 고정되어 있는 '구문'이다. 하지만 이 문장에서는 to ~가 진주어 역할을 하므로 '~하기에는 너무 ~하다'로 번역해야 한다. through nourishment는 '음식으로(음식물로)'의 뜻으로 보면 되고 try는 for와 함께 묶어 '~을 얻으려고 노력하다'로 이해하면 된다. 앞에서도 언급했듯이 뜻을 아는 단어든 모르는 단어든 매끄러운 번역을 위해 인터넷 사전에서 단어 뜻을 찾을 때, 경우에 따라서는 그 단어 하나만을 찾기보다 바로 옆 단어와 함께, 또는 구(句)로 찾으면 더 효과적일 때가 있다. 하지만 이제 음식으로 기운을 차리(려고 하)기엔 너무 늦었어.

넷째 문장의 You're stupid는 그다음 문장, Eat ~ flying fish와 연결해 생각해야 한다. 즉, 이 두 문장은 '멍청아, 남은 날치를 먹어(먹으면 되잖아)'라는 의미다. You're stupid를 앞 문장에서 언급한 내용(때를 놓쳤다는) 때문에 자신을 질책하는 것으로 이해할 수도 있지만 이 문장은 날치를 생각하지 못한 것에 대한 질책으로 보는 것이 적절하다. 그래야 다음 단락과의 연결 또한 자연스럽다. 앞 문장 역시 이 의미에 맞게 다듬으면 더 좋을 것 같다. 이 문장에서, '이제 음식으로 기운을 차리(려고 하)기엔 너무 늦었어'라는 앞 문장은 만새기를 먹고 싶어 하지 않는 노인이 자기 위안 삼아 한 말이라는 사실을 알 수 있기 때문이다. 앞 문장과 연결해 정리하면 다음과 같다. "어차피 이제 음식으로 기운을 차리기엔 너무 늦었으니까. (아니지) 멍청한 노인네야, 남은 날치를 먹으면 되잖아." 노인이 중얼거렸다.

실습

Tip 12

번역을 하다 보면 각각의 영어 단어 뜻은 맞는 것 같은데 번역 문장은 이해가 안 되는 경우가 있다. 그런 문장은 실제로 오역인 경우가 많다. 번역의 기본은 독자(의뢰인)의 이해다. 내(번역가)가 이해하지 못한 번역은 독자도 이해하지 못한다. 번역가는 자신이 이해하지 못하는 문장을 만들어서는 안 된다. 물론 자신만 이해하는 번역문을 만들어서도 안 된다. 그렇기 때문에 번역가는 번역을 한 다음, 그 문장이 앞뒤 문맥과 연결되는지, 논리적으로 이해가 가능한 문장인지 확인해야 한다. 그것이 교정이다. 글쓰기라는 큰 맥락에서 본다면 퇴고라고 해도 무방하다. 번역은 글쓰기. 앞서 번역가를 '준작가'라고 표현한 말을 새길 필요가 있다. 그런데 이해하기 어려운 번역이 초보 번역가에게만 해당될까? 결코 그렇지 않다. 번역을 오래 한 사람도, 잘 한다는 말을 듣는 사람도 충분히 할 수 있는 실수이다. 컨디션이 좋지 않거나 머리가 무거울 때, 시간에 쫓겨 세밀한 검토를 하지 못할 때 누구나 쓸 수 있는 문장이다. 따라서 번역가는—이상적인 얘기로 들리겠지만—환경(납품 일정, 보수 등)이 좋지 않더라도 가능한 한 맑은 머리로 작업하기 위해 노력해야 한다.

원문

It was there, cleaned and ready, and he picked it up with his left hand and ate it chewing the bones carefully and eating all of it down to the tail.

It has more nourishment than almost any fish, he thought. At least the kind of strength that I need. Now I have done what I can, he thought. Let him begin to circle and let the fight come.

번역문

날치는 손질해서 먹기 좋게 놓여 있었다. 노인은 왼손으로 날치를 집어 들고 조심스럽게 뼈째 꼭꼭 씹어서 한 마리를 꼬리까지 전부 먹어치웠다. 날치는 그 어떤 생선보다 더 훌륭한 영양식이지. 노인은 생각했다. 적어도 내가 기운을 찾는 데는 딱이야. 지금은 이게 최선이야. 노인은 생각했.

자, 녀석이 빙빙 도는 것을 시작하게 해서 녀석과 한판 붙어보자.

문장 설명

첫째 문장 It ~ tail에서 It(it)은 모두 '날치'를 말한다. there는 '거(저)기에'라는 뜻이지만 여기서는 '한쪽에'라고 번역하는 게 자연스럽다. 역자는 cleaned and ready를 '손질해서 먹기 좋게'라고 번역했는데, 좋은 표현이긴 하지만 '먹기 좋게'라는 말이 그 뒤에 나오는 '뼈를 씹어 먹는다'와는 안 어울려 보인다. 그런데 이것은 일반적인 경우이고 뱃사람들은 다를 수도(?) 있어서 생각해볼 수 있는 표현이다. 문장으로만 본다면, '내장을 발라내고 깨끗이 씻어서 먹을 수 있게 해놓은'의 뜻으로 이해하면 되고, 이는 '손질된 채' 정도로 번역해도 무난하겠다. chewing ~ and eating ~ 은 분사 구문이라 문장을 적절히 나누어도 괜찮다. 번역문에는 chewing the bones가 '뼈째 꼭꼭 씹어서'로, carefully가 '조심스럽게'로 옮겨져 있다. carefully에는 '주의 깊게' '신중하게' '꼼꼼히' '정성들여' '조심스럽게' 등의 의미가 있고 이를 상황에 맞게 적용하면 되는데, 여기서는 조금만 더 넓게 생각하면 몇몇 뜻이 다 문장에 어울리는 것처럼 보이기 때문에 오히려 선택이 쉽지 않다. 번역문을 보면, '조심스럽게'와 '꼭꼭'을 같이 씀으로써 영리하게 번역한 것이라 할 수 있지만 정확한 번역이라는 측면에서 본다면 이 중 하나를 선택하는 게 맞을 것이다. 하지만 두 단어가 유사한 의미를 내포한다고는 해도 크게 상충하거나 중첩되는 의미가 아니고 상황을 유추했을 때 충분히 가능한 표현이어서 그대로 두어도 괜찮지 않을까 생각한다. 또는 '조심스럽게 뼈까지(뼈를) 씹어가며'로 번역하는 것도 자연스럽겠다. down to는 '~에 이르기까지'로 이해하면 된다. 날치는 손질된 채 한쪽에 놓여 있었다. 노인은 왼손으로 날치를 집어 들고는 조심스럽게 뼈까지 씹어가며 꼬리까지 전부 먹어치웠다.

    그다음 문장들은 노인의 생각이다. It ~ thought에서 nourishment는 '영양(분)'으로 번역하고 At ~ need는 주술 구조가 완벽한 하나의 문장은 아니지만 어감을 이해하여 앞 문장과 자연스럽게 연결되도록 표현해야 한다. need는 흔히 '필요로 하다'로 번역하는데 이는 번역투 표현으로 볼 수 있다. the kind of strength는 '힘의 종류'라는 뜻이나 문맥에 맞게 적절히 번역하면 된다. 마지막 문장 Let ~ come에서 circle은 앞서 설명한 것처럼 '원을 그리며 돌다'로 이해하면 되는데 let과 연결하여 '원을 그리며 돌게 하다'로 번역하면 문장 전체가 약간 어색하게 느껴지거나 부정확한 표현이 된다. 여기서는 let의 어감과 상황을 잘 이해하고 번역해야 하는데 let은 '~을 하게 하다' '시키다' 등 사역(使役)을 뜻하는 단어이지만 강제적인 사역이라기보다는 '~을 허락하다' '~하는 대로 두다' 등 소극적인 사역을 의미하므로 노인이 의도적으로 물고기를 돌게 하려는 것처럼 번역하기보다는 물고기가 힘이 빠져 곧 원을 그리며 돌기 시작할 때이니만큼(17강 참조) '그런 상황이 전개되도록 기다렸다가 돌기를 시작하면 싸우자'는 정도로 이해하고 번역하는 것이 좋겠다. come은 '일어나다(발생하다)'로 이해하면 된다.

he thought가 두 번 나오는데 이는 마지막 문장의 것, 한 번만 번역하면 된다. '날치야말로 어떤 물고기보다도 영양이 풍부하지. 적어도 (지금) 이 상황에 필요한 힘을 위해서는 말이야. 이제 내가 할 수 있는 일은 다 했으니까 저놈이 돌면 싸움을 시작해보자.' 노인이 생각했다.

실습

> **최종 교정 예시**

"쓸모없는 일을 위해 그렇게 고생한 건 아니었으니까. 하지만 너를 쓸 수 없었던 때도 있었지." 노인이 자신의 왼손을 보며 말했다.

'나는 왜 한 손이 약하게 태어난 걸까? 어쩌면 이놈을 적절히 훈련시키지 않은 내 잘못인지도 몰라. 아니, 이놈에게는 힘을 키울 기회가 충분하지 않았던 건지도 모른다고. 그래도 지난밤에는 그렇게 고생하지도 않았고 쥐로 인한 마비도 단 한 번뿐이었지. 만약 또다시 쥐가 온다면 그땐 줄로 손모가지를 잘라버려야겠다.'

그런 생각을 하면서 노인은 머리가 무겁다고 느꼈고 저며놓은 만새기 살을 좀 더 먹어야겠다고 생각했다. "하지만 그럴 순 없어." 노인이 중얼거렸다. "괜히 먹었다가 구역질로 힘이 빠지는 것보다야 머리가 무거운 게 더 낫잖아. 그리고 두었다가 먹는다 하더라도 내 얼굴이 닿았었기 때문에 오래 둘 수는 없을 거야. 그냥 상할 때까지 비상용으로 놔두자고. 어차피 이제 음식으로 기운을 차리기엔 너무 늦었으니까. 아니지, 멍청한 노인네야, 남은 날치를 먹으면 되잖아." 노인이 중얼거렸다.

날치는 손질된 채 한쪽에 놓여 있었다. 노인은 왼손으로 날치를 집어 들고는 조심스럽게 뼈까지 씹어가며 꼬리까지 전부 먹어치웠다.

'날치야말로 어떤 물고기보다도 영양이 풍부하지. 적어도 지금 이 상황에 필요한 힘을 위해서는 말이야. 이제 내가 할 수 있는 일은 다 했으니까 저놈이 돌면 싸움을 시작해보자.' 노인이 생각했다.

3부

번역

| 구성과 목표 |

번역 실습을 통해 습득한 번역 기술을 적용하여
매끄러운 번역문을 완성한다.

19강

능란하게 번역하기 1

The sun was rising for the third time since he had put to sea when the fish started to circle.

He could not see by the slant of the line that the fish was circling. It was too early for that. He just felt a faint slackening of the pressure of the line and he commenced to pull on it gently with his right hand. It tightened, as always, but just when he reached the point where it would break, line began to come in. He slipped his shoulders and head from under the line and began to pull in line steadily and gently. He used both of his hands in a swinging motion and tried to do the pulling as much as he could with his body and his legs. His old legs and shoulders pivoted with the swinging of the pulling.

put to sea 출항하다
slant 경사, 비탈, 사선
faint 희미한, 어렴풋한, 약한, 가냘픈
slackening 감퇴, 쇠퇴
commence 시작하다

pull on 잡아당기다, 입다

gently 부드럽게, 서서히, 완만하게

tighten 단단히 조이다, 팽팽해지다

slip 미끄러지게 하다, 살짝 지나가게 하다, 놓다

swinging 흔들리고 있는, 흔들려 움직이는

motion 운동, 움직임, 동작

실습

20강
능란하게 번역하기 2

The fish was coming in on his circle now calm and beautiful looking and only his great tail moving. The old man pulled on him all that he could to bring him closer. For just a moment the fish turned a little on his side. Then he straightened himself and began another circle.

"I moved him," the old man said. "I moved him then."

He felt faint again now but he held on the great fish all the strain that he could. I moved him, he thought. Maybe this time I can get him over. Pull, hands, he thought. Hold up, legs. Last for me, head. Last for me. You never went. This time I'll pull him over.

calm 고요한, 잔잔한, 침착한, 평온한
straighten ~을(를) 곧게(바르게) 하다, ~을(를) 정리하다, 곧아지다, 바르게 되다
maybe 어쩌면, 그럴지도 모른다
get over ~을(를) 극복하다, ~을(를) 처리하다, 해내다, 완료하다,
hold up 견디다, 지지하다, 유지하다
last 계속되다, 이어지다, 견디어내다, 최후의, 마지막의, 최근의, 신(新)

실습

능란하게 번역하기 3

    The old man felt faint and sick and he could not see well. But he cleared the harpoon line and let it run slowly through his raw hands and, when he could see, he saw the fish was on his back with his silver belly up. The shaft of the harpoon was projecting at an angle from the fish's shoulder and the sea was discolouring with the red of the blood from his heart. First it was dark as a shoal in the blue water that was more than a mile deep. Then it spread like a cloud. The fish was silvery and still and floated with the waves.

    The old man looked carefully in the glimpse of vision that he had. Then he took two turns of the harpoon line around the bitt in the bow and laid his head on his hands.

sick 병든, 몸이 불편한, 토할 것 같은
well 잘, 만족할 만큼, 올바르게, 멋지게, 충분히, 상당히
run through 새다, 빠져나가다
raw 날것의, 가공하지 않은, 아물지 않은, 껍질이 벗겨진
belly 배, 내장, 창자

shaft 자루, 화살, 축

project ~을(를) 계획하다, 발사하다, 투영하다, 돌출하다, 튀어나오다

angle 각, 각도, 모퉁이, 측면

discolo(u)r 변색(퇴색)하다. 빛이 바래다, ~을(를) 변색(퇴색)시키다, ~의 색을 더럽히다

shoal (물고기) 떼, 모래톱

spread 펴지다, 퍼지다, 분산되다, 펴다, 엷게 바르다, 퍼뜨리다

silvery 은 같은, 은빛 나는

wave 파도, 물결, 파동

glimpse 흘끗(언뜻) 보기, 흘끗(언뜻) 보다

vision 시력, 시각, 예측, 상상력, 환상, 꿈 같은 광경, 환상적인 것

bitt 비트(갑판에 세운 굵은 기둥)

실습

22강
능란하게 번역하기 4

The old man looked at the fish constantly to make sure it was true. It was an hour before the first shark hit him.

The shark was not an accident. He had come up from deep down in the water as the dark cloud of blood had settled and dispersed in the mile deep sea. He had come up so fast and absolutely without caution that he broke the surface of the blue water and was in the sun. Then he fell back into the sea and picked up the scent and started swimming on the course the skiff and the fish had taken.

Sometimes he lost the scent. But he would pick it up again, or have just a trace of it, and he swam fast and hard on the course.

constantly 끊임없이, 계속, 자주
make sure ~에 대해서 확인하다, ~을(를) 확신하다
shark 상어
hit 치다, 때리다, 부딪다, 맞다, 공격하다, 충돌하다, 발표되다
accident 사고, 우발 사건, 우연한 행위, 우연
come up 도달하다, 다가가다, 일어나다, 오르다

disperse 흩어지게 하다, 퍼뜨리다, 전파하다

absolutely 완전히, 정말로, 절대적으로

caution 주의, 조심, 경계, 주의(경고)를 주다

fall into ~에 빠져들다, 빠지다

scent 냄새, 향기, 향수, 직감, 냄새 맡다, ~의 냄새를 풍기다

trace 자취, 형적, 흔적, 미량, 기미, ~의 자국을 더듬다, 찾아내다

실습

23강
능란하게 번역하기 5

He could not talk to the fish anymore because the fish had been ruined too badly. Then something came into his head.

"Half fish," he said. "Fish that you were. I am sorry that I went too far out. I ruined us both. But we have killed many sharks, you and I, and ruined many others. How many did you ever kill, old fish? You do not have that spear on your head for nothing."

He liked to think of the fish and what he could do to a shark if he were swimming free. I should have chopped the bill off to fight them with, he thought. But there was no hatchet and then there was no knife.

But if I had, and could have lashed it to an oar butt, what a weapon. Then we might have fought them together. What will you do now if they come in the night? What can you do?

"Fight them," he said. "I'll fight them until I die."

ruin 파괴하다, 망가뜨리다, 파멸시키다, 파괴, 붕괴, 유적, 폐허
far out 먼, 파격적인, 틀에 박히지 않은

spear 창, 작살

chop off ~을(를) 잘라 내다

bill 부리, 부리 모양의 것

hatchet 손도끼

butt 굵은 쪽의 끝, 밑동, 손잡이

weapon 무기, 공격 수단

실습

24강

능란하게 번역하기 6

One came, finally, against the head itself and he knew that it was over. He swung the tiller across the shark's head where the jaws were caught in the heaviness of the fish's head which would not tear. He swung it once and twice and again. He heard the tiller break and he lunged at the shark with the splintered butt. He felt it go in and knowing it was sharp he drove it in again. The shark let go and rolled away. That was the last shark of the pack that came. There was nothing more for them to eat.

…

When he sailed into the little harbour the lights of the Terrace were out and he knew everyone was in bed. The breeze had risen steadily and was blowing strongly now. It was quiet in the harbour though and he sailed up onto the little patch of shingle below the rocks.

…

Many fishermen were around the skiff looking at what was lashed beside it and one was in the water, his trousers rolled up, measuring the skeleton with a length of line.

The boy did not go down. He had been there before and one of the fishermen was looking after the skiff for him.

"How is he?" one of the fishermen shouted.

"Sleeping," the boy called. He did not care that they saw him crying. "Let no one disturb him."

"He was eighteen feet from nose to tail," the fisherman who was measuring him called.

…

Up the road, in his shack, the old man was sleeping again. He was still sleeping on his face and the boy was sitting by him watching him. The old man was dreaming about the lions.

tiller 키의 손잡이
catch 붙들다, 잡다, 걸다, 발견하다, 덮치다
heaviness 무거움, 무게, 침체, 부담
tear 찢어지다, 잡아떼다, 째다, 찢다
lunge 찌르기, 찌르다
splinter 파편, 가시, 쪼개다, 파편이 되다, 쪼개지다
roll away 굴러가다
pack 떼, 집단, 패거리, 다수, 꾸러미, 꾸리다
harbo(u)r 항구
blow 바람이 불다, 바람에 날리다, 공격, 타격
quiet 고요한, 평온한, 조용한
onto ~의 위에, 위로
patch 헝겊(가죽) 조각, 작게 구획된 땅, 부분, 반점
shingle 잔돌, 자갈, 자갈 많은 해변(강변), 지붕널
below 아래(쪽)에, 낮은 곳에, 하단에, 하급에, ~보다 아래에

rock 바위, 암벽

trousers 바지

roll up 둥글게 말다, 감싸다

measure 재다, 측정하다, 판단하다, 평가하다, 치수, 양, 측정, 기준, 척도

skeleton 뼈대, 해골, 잔해, 개요

length 길이, 세로, 키, 기간, 기한

shout 크게 소리치다, 외치다, 큰 소리로 말하다

care ~에 마음 쓰다, 유념하다, 걱정, 근심, 돌봄, 관심사

nose 코, 돌출부, 부리

실습

풀이

— 19강 —

원문 1

The sun was rising for the third time since he had put to sea when the fish started to circle.

문장 설명

세 문장이 두 개의 접속사(since, when)로 이어져 한 문장을 이루고 있다. 우선 시제상 since 절을 가장 먼저 번역하고 The sun ~ 구절과 when ~ 구절을 잘 연결해야 한다. put to sea는 '출항하다'라는 뜻으로 since 절은 '출항한 이후'로 보면 되겠다. The sun was rising for the third time은 '태양이 세 번째 떠오르고 있었다'로, when the fish started to circle은 '그때 물고기가 원을 그리며 돌기 시작했다' 정도로 번역하면 된다. 세 번째 태양은 3일째임을 의미하는데 이를 풀어서 번역해도 상관없다. 정리하면 다음과 같다. 노인이 바다로 나온 이후 세 번째 태양이 떠오르고 있을 때 물고기가 원을 그리며 돌기 시작했다.

원문 2

He could not see by the slant of the line that the fish was circling. It was too early for that. He just felt a faint slackening of the pressure of the line and he commenced to pull on it gently with his right hand.

문장 설명

첫 문장에서 by는 '원인'의 의미로 보면 된다. by를 흔히 '~에 의하여'라는 수단의 의미로 생각하는데 문맥에 따라 '~의 결과로' '~ 때문에'와 같이 근거나 원인으로 번역할 수도 있다. see의 목적어는 that 절이다. the slant of the line은 '줄의 경사'로 보기 쉽지만 이는 '경사진 줄'로 번역하는 게 더 자연스럽다. 이 문장은 '경사진 줄 때문에 물고기가 돌고 있는 것을 볼 수는 없었다'로 번역할 수 있다. 그런데 이렇게 번역하고 보니, 논리적으로 쉽게 이해되지 않는다. '경사진 줄'이 시야를 가릴 만한 이유가 될 수 있을까? 그렇진 않을 것 같다. 그렇다면 see와 by의 의미를 달리 봐야 하는 건 아닐까? see에는 '보다'는 뜻 외에 '알다'라는 뜻이 있으므로 see의 의미를 '알다'로 보고 by를 '~으로'라는 수단으로 보면 적절한 번역이 되지 않을까? 하지만 이렇게 번역한다 해도 이해가 쉽지 않은 건 마찬가지다. 이미 앞서 '물고기가 원을 그리며 돌기 시작했다'는 내용이 나왔는데 '줄의 경사로는 (그 사실을) 알 수 없었다'라고만 하고 그 사실을 알 수 있는 근거가 나오지 않으니 이 또한 뭔가 허전하고 문장 전개가 매끄럽지 않기 때문이다.

그렇다면 이 문장은 어떻게 번역해야 할까? 논리적으로 더 타당한 번역은 앞에서 언급한 것처럼 '경사진 줄 때문에 물고기가 돌고 있는 것을 볼 수는 없었다'인 것 같다. 다만 '경사진 줄'은 '줄의 경사'로, by는 '~때문에'라는 이유보다는 '~로 보아'라는 근거의 뜻으로 이해하는 게 더 적절할 듯하다. 그럼 이제 문장을 풀어보자. 이를 이해하기 쉽게 번역하려면 원문에서 '볼 수 없다'와 '줄의 경사'와의 관계를 논리적으로 이해할 수 있는 근거를 찾아야 한다. 이 문장에서 '볼 수 없었다'는 말은 결국 눈에 보일 정도로 물고기가 가까이 올라온 것은 아니라는 말로 이해할 수 있고, '줄의 경사'가 이 내용을 설명할 수 있으려면 그 의미를, 물고기가 지쳐서 돌기 시작하긴 했지만 줄의 기울기가 유지될 정도로 아직 물고기가 수면 쪽으로 올라온 것은 아니라는 말로 이해하면 될 것 같다. 정리하면 다음처럼 번역할 수 있겠다. 줄의 경사로 보아 놈이 아직 올라오고 있는 것은 아니어서 실제 도는 모습을 볼 수는 없었다.

두 번째 문장에서 for는 '~치고는' '~으로서는' '~에 대해서'라는 의미로 보면 된다. 따라서 for that은 '그러기에는' 정도가 좋겠다. 그러기에는 너무 이른 시간이었다. 여기서 that은 '물고기가 원을 그리며 도는 것'으로 이 문장은 생각보다 물고기가 빨리 지쳤다는 의미를 담고 있다. 만약 '그러기에는'만으로 의미가 충분히 전달되지 않는다면 좀 더 구체적으로 표현하는 것도 괜찮다.

He just felt ~ right hand를 그대로 풀면 '노인은 줄의 압력이 희미하게 줄어드는 것을 느꼈고 그래서 오른손으로 부드럽게 줄을 잡아당기기 시작했다'가 된다. 여기서 just는 꼭 번역하지 않아도 될 것으로 보이지만 굳이 넣자면 '단지' '잠깐' '약간' 정도가 괜찮겠다. pressure는 '(물고기가 당기는) 줄의 힘'으로 이해하면 된다. faint는 '희미한'이라는 뜻으로, slackening을 수식하는 형용사이지만 부사로 옮겨도 되고, 아예 수식의 대상을 달리하여 feel을 수식하도록 번역해도 된다. 이를 좀 더 다듬으면 다음과 같다. 노인은 팽팽했던 줄이 느슨해지는 것을 희미하게 느꼈고, 그래서 오른손으로 부드럽게 줄을 잡아당기기 시작했다. 또는 팽팽했던 줄이 아주 조금 느슨해진 것을 느낀 노인은 오른손으로 줄을 잡아당기기 시작했다도 괜찮을 것 같다.

원문 3

It tightened, as always, but just when he reached the point where it would break, line began to come in. He slipped his shoulders and head from under the line and began to pull in line steadily and gently.

문장 설명

as always는 '언제나(늘) 그렇듯'이라는 뜻으로, 삽입구로 이해하면 된다. 첫 문장의 골자는 'tighten했지만 when(때)~에 line이 come in하기 시작했다'이다. 이는 줄이 팽팽해지긴 했지만, 늘 그렇듯 끊어질 정도가 되어서야 당겨지기 시작했다로 번역할 수 있다.

두 번째 문장에서 slip은 기본적으로 '미끄러지다' '미끄러지게 하다'라는 의미이지만 '살짝 지나가게 하다' '살그머니 나오게(들어가게) 하다'라는 뜻도 포함한다. 따라서 He slipped ~ under the line은 '(당기고 있는) 줄 아래로 두 어깨와 머리를 살짝 지나가게 했다' 또는 '(당기고 있는) 줄 아래에서 양어깨와 머리를 살그머니 뺐다'는 의미로 볼 수 있고 이는 '자세를 바꾸며 줄을 잡아당긴다'로 번역하면 될 것으로 보인다. 그리고 and 뒤의 문장은 'steadily하고 gently하게 줄을 당기기 시작했다'라고 번역하면 된다. 문장을 완성하면 다음과 같다. 노인은 팽팽해진 줄 밑으로 (조심스럽게) 몸을 움직여 자세를 바꾸고는 서서히 그리고 꾸준히 줄을 잡아당기기 시작했다.

그런데 지금까지 설명한 영문을 잘 보면 '시작하다'라는 단어가 반복되는 점을 발견할 수 있을 것이다. start, commence, begin으로 단어를 달리 사용했지만 모두 '시작하다'라는 뜻이어서 우리말로는 다 '시작하다'라고 번역했다. 하지만 같은 단어를 자꾸 반복하면 글맛이 떨어지기 때문에, 이 경우에는 원문처럼 같은 뜻의 다른 단어를 섞어 쓰거나 아니면 '시작하다'라고 하지 않고 이들의 목적어가 되는 to 부정사의 동사만을 쓰는 것이 좋겠다. 물론 이 경우에는 의미가 맞아야 한다.

원문 4

He used both of his hands in a swinging motion and tried to do the pulling as much as he could with his body and his legs. His old legs and shoulders pivoted with the swinging of the pulling.

문장 설명

첫째 문장에 나온 a swinging motion은 '흔드는 동작'을 뜻하는데 여기서 '흔들다'는 말은 '몸을 좌우로 움직인다'는 의미다. 두 손으로 번갈아 가며 차례차례 줄을 당기는 모습을 연상하면 될 것이다. 따라서 '흔드는 동작'을 드러내어 번역할 필요는 없어 보인다. He ~ motion은 '두 손을 번갈아 가며 줄을 잡아당겼다' 정도로 옮기면 되겠다. do the pulling은 '당긴다'는 뜻이고, tried to ~ legs는 '몸과 다리로 가능한 한 많이 당기려고 노력했다'는 의미다. 여기서 '몸과 다리'는

'온몸으로'라고 번역해도 괜찮을 것 같다. 이 문장은 다음처럼 번역할 수 있다. 노인은 두 손을 번갈아 가며 차례차례 줄을 당겼고 온몸을 써서 가능한 한 많이 줄을 잡아당기려 노력했다.

His old ~ pulling에서 pivot은 기본적으로 '회전축으로 회전하다'라는 뜻인데 여기서는 with 이하와 연결하여 이해하고 자연스럽게 표현해야 한다. the swinging of the pulling은 앞서 나온 swinging에서 보듯 '두 손을 번갈아 가며 당기는 동작'으로 이해하면 될 것이다. 이를 연결하여 생각하면 이 장면은, (몸의 중심을 축으로) 다리와 어깨를 한쪽 방향으로 계속 회전시키는 것이 아니라, 두 손을 번갈아 가며 당기는 동작과 함께 어깨와 다리도 각각 한쪽씩 번갈아 앞뒤로 왔다 갔다를 반복한다는 말이다. 즉 이 동작에는 노인의 의지가 담겨 있다. 이를 정리하면 '당기는 동작에 맞춰 자신의 늙은 다리와 어깨도 따라 움직였다'라고 번역할 수 있겠다. 원문과는 조금 다르지만 장면을 연상하며 문장을 이해하면 가능한 문장이라 생각한다.

사실 이 단락은 번역하기 쉽지 않다. 단어에 있는 어떤 뜻으로도 쉽게 연결이 안 되고 매끄럽게 표현되지 않기 때문이다. 이럴 경우에는 단어의 뜻을 좀 더 자세히 찾아보고 그 용례도 면밀히 검토해서, 해당 단어가 이런 상황에서 어떻게 쓰이는지 확인하거나 또는 어떻게 쓰일 수 있을지 궁리해 문장을 자연스럽게 풀어야 한다.

• 번역 예시 •

노인이 바다로 나온 이후 세 번째 태양이 떠오르고 있을 때 물고기가 원을 그리며 돌기 시작했다. 줄의 경사로 보아 놈이 아직 올라오고 있는 것은 아니어서 실제 도는 모습을 볼 수는 없었다. 사실 그러기에는 너무 이른 시간이었다. 팽팽했던 줄이 살짝 느슨해지는 것을 느낀 노인은 오른손으로 줄을 잡아당겼다. 줄이 팽팽해지긴 했지만, 늘 그렇듯 끊어질 정도가 되어서야 당겨지기 시작했다. 노인은 팽팽해진 줄 밑으로 조심스럽게 몸을 움직여 자세를 바꾸고는 서서히 그리고 꾸준히 줄을 잡아당겼다. 두 손을 번갈아 가며 차례차례 줄을 당겼고 온몸을 써서 가능한 한 많이 줄을 잡아당기려 노력했다. 당기는 동작에 맞춰 자신의 늙은 다리와 어깨도 따라 움직였다.

— 20강 —

원문 1

The fish was coming in on his circle now calm and beautiful looking and only his great tail moving. The old man pulled on him all that he could to bring him closer.

문장 설명

첫째 문장의 come in on his circle은 '원을 그리며 (빙빙 돌며) (올라)오다'는 의미다. come in은 '들어(다가)오다', on one's circle은 '원 모양으로'라는 뜻으로 보고 상황에 맞게 번역하면 된다. 그 뒤로 looking과 moving은 분사 구문(자동사)으로 'calm and beautiful하게 looking하고(보이고) great tail이 moving한다(움직인다)'라고 이해하면 되겠다. 따라서 calm and beautiful looking은 '평온하고 아름다워 보이다'로, only his ~ tail moving은 '~ 꼬리만 움직이다'로 번역하면 된다. 긴 문장은 아니지만 서로 다른 내용이 연결되어 있어서, 문장을 나누거나 유사한 내용을 붙여 표현하는 것도 괜찮을 것이다. 소설 번역에서는 행간의 의미나 상황과 장면을 감안해 원래의 뜻이 어그러지지 않는 범위에서 좀 더 유연하게 자신의 문체로 표현하는 것도 좋은 방법이다. 이제 물고기는 커다란 꼬리만 움직이는 가운데 원을 그리며 올라오고 있었다. 그 모습이 평온하고 아름다워 보였다.

The old man ~ closer에서 him은 둘 다 '물고기'를 가리키는데 이것 역시 꼭 '물고기'로 번역할 필요는 없고 상황에 맞게 적절한 어휘를 선택하면 된다. to bring him closer는 '녀석을 더 가까이 오게 하려고'라는 의미이지만 '~해서 더 가까이 다가오게 하다(끌어오다)'라고 번역해도 괜찮다. 이를 정리하면 다음과 같다. 노인은 그놈을 더 가까이 오게 하려고 최대한 줄을 잡아당겼다. 또는 노인은 줄을 최대한 잡아당겨 놈이 배에 더 가까이 오도록 했다도 가능하다.

원문 2

For just a moment the fish turned a little on his side. Then he straightened himself and began another circle.

"I moved him," the old man said. "I moved him then."

문장 설명

For just a moment는 '잠깐'으로 번역하면 된다. '잠깐 동안'이라고 표현할 수도 있는데 '잠깐'은 '얼마 되지 않는 매우 짧은 동안'이라는 뜻으로, '동안'의 의미를 포함하기 때문에 두 단어를 함께 쓸 필요는 없다. a little은 '약간', turn은 '(몸을) 돌리다', on his side는 '옆으로'라는 뜻이다.

위 대화체(큰따옴표 안)에서 move는 '움직이게 하다' 또는 '흔들다'로 이해하면 되는데 이 대목 첫 문장에서 '몸을 약간 돌리다(turned ~)'라는 표현이 나오기 때문에 '몸을 돌리게 만들었다'로 번역해도 무방할 것 같다.

두 번째 문장에 나오는 첫 번째 Then은 '그리고 나서'로, 단락 끝의 then은 '방금'으로 번역해야 한다. 물고기가 잠깐 옆으로 (약간) 몸을 돌렸다. 그리고 나서 몸을 바로 하더니 (다시) 원을 그리며 돌기 시작했다. "내가 저놈을 움직이게 했군. 방금 내가 저놈을 움직이게 한 거야." 노인이 말했다.

원문 3

He felt faint again now but he held on the great fish all the strain that he could. I moved him, he thought. Maybe this time I can get him over. Pull, hands, he thought. Hold up, legs. Last for me, head. Last for me. You never went. This time I'll pull him over.

문장 설명

첫째 문장에 나오는 feel faint의 뜻은 '현기증이 나다'이다. hold on은 '잡고 있다', all the strain that he could는 '(가능한 한) 온 힘으로'로 이해하면 된다. 노인은 다시 어지러운 느낌이 났지만 온 힘을 쏟아 커다란 물고기를(녀석을) 잡고 있었다.

셋째 문장의 get over에는 '극복(처리)하다' '해내다' '완료하다' '이기다'라는 뜻이 있다. 둘째와 셋째 문장을 합쳐 번역하면 다음과 같다. '내가 저놈을 움직이게 한 거야. 어쩌면 이번에 저 녀석을 잡을 수도 있겠는걸.' 노인이 생각했다.

Pull부터 이 단락 끝에까지 짧은 문장 여섯 개가 나열되어 있는데 모두 원문 그대로 표현해주는 게 좋다. hold up은 '지탱하다' '견디다'라는 뜻이다. 여기서 Last는 자동사로 '지속하다'는 의미다. head는 '머리'이지만 '정신'을 함께 써주는 게 좋겠다. You는 앞에 열거한 몸의 각 기관들로 볼 수도 있고 바로 앞의 머리(정신)로도 볼 수 있으며 나아가 노인 자신으로도 볼 수 있지만 Last가 반복되는 것으로 보아 '머리'로 보는 게 적절할 것 같다. for me는 '나를 위해'라는 뜻인데 이는 드러내어 번역해도 되고 그렇게 하지 않아도 될 것으로 보인다. 여기서 go는 '쇠퇴하다(나빠지다)' 또는 '없어지다(죽다)'의 뜻으로 보면 되는데 자연스러운 표현으로 바꿔도 괜찮을 것이다. pull over는 '(배 옆으로) 끌어 올리다'라는 의미로 이해하면 되고 will은 의지를 담아 표현하면 좋을 듯싶다. 마지막 문장의 This time은 '이번에'라는 뜻이지만 여기서는 '이제'라고 번역하는 게 더 자연스러워 보인다.

이 단락에 he thought가 두 번 나오는데, 짧은 단락인 데다 내용상 서로 이어지는 생각이기 때문에 번역 후 문장 흐름에 방해된다고 판단한다면 하나는 번역하지 않아도 괜찮다. 물론 내용에 맞는 다른 표현을 써도 좋다. '당겨, 손아. 다리야, 버텨라. (나를 위해) 견뎌다오, 머리야. 정신을 바짝 차리란 말이다. 넌 아직 쌩쌩하잖니. 이제 내가 저놈을 잡아 올릴 거란 말이야.' 노인이 결의에 찬 듯 의지를 다졌다.

• 번역 예시 •

이제 물고기는 커다란 꼬리만 움직이는 가운데 원을 그리며 올라오고 있었다. 그 모습은 평온하고 아름다워 보이기까지 했다. 노인은 놈을 더 가까이 오게 하려고 최대한 줄을 잡아당겼다. 물고기가 잠깐 옆으로 몸을 돌렸다. 그러고 나서 몸을 바로 하더니 다시 원을 그리며 돌기 시작했다.

"내가 저놈을 움직이게 했군. 방금 내가 저놈을 움직이게 한 거야." 노인이 말했다.

노인은 다시 어지러운 느낌이 났지만 온 힘을 쏟아 녀석을 잡고 있었다. '내가 저놈을 움직이게 한 거야. 어쩌면 이번에 저 녀석을 잡을 수도 있겠는걸.' 노인이 생각했다. '당겨, 손아. 다리야, 버텨라. 견뎌다오, 머리야. 정신을 바짝 차리란 말이다. 넌 아직 쌩쌩하잖니. 이제 내가 저놈을 잡아 올릴 거란 말이야.' 노인이 결의에 찬 듯 의지를 다졌다.

— 21강 —

원문 1

The old man felt faint and sick and he could not see well. But he cleared the harpoon line and let it run slowly through his raw hands and, when he could see, he saw the fish was on his back with his silver belly up.

문장 설명

첫째 문장의 feel sick은 '구역질이 나다'라는 뜻이다. 첫 번째 나오는 and의 번역은 나열이든 인과의 의미이든 다 괜찮을 것 같다. 두 번째 and는 점증의 의미가 좋겠다. 노인은 어지러움에 구토 증세를 느꼈고, 게다가 잘 볼 수도 없었다.

둘째 문장에 나오는 harpoon line은 '작살줄(끈)'로, raw hands는 '상처가 있는 두 손'으로 이해하면 된다. run slowly through는 '~으로(~을 통해) 천천히 풀리다'는 뜻으로, let ~ hands는 '상처 난 두 손을 통해 줄을 천천히 풀어지게 하다(두다)' 즉, '상처 난 두 손으로 천천히 줄을 풀다'는 의미로 볼 수 있다.

clear는 앞서 해초가 줄에 걸렸던 적이 있기 때문에 '줄을 깨끗하게 하다'라고 볼 수도 있고 '(줄을 천천히 풀어주기 전) 엉킨 줄을 정리하다'로도 볼 수 있는데 여기서는 후자가 더 적절해 보인다. when he could see는 삽입 절로 앞의 and와 연결되어 있지만 시간의 흐름을 담는 게 좋다. 문장 그대로 '노인이 볼 수 있었을 때'라고 하기보다는 '(조금 지나자 또는 눈이 좀 나아지자) ~이 보였다(~을 볼 수 있었다)' 정도로 번역하는 게 자연스럽다. he saw the fish에서 saw와 the 사이에는 that이 생략되었다. be on one's back은 반듯하게(바로) '누워 있다'로, belly up은 '배가 위를 향한'으로 이해하면 된다. 하지만 노인은 엉킨 작살줄을 정리하고는 상처 난 두 손으로 그 줄을 천천히 풀어주었다. 눈이 조금 나아지자 노인의 시야에 은색 배를 드러낸 채 발랑 뒤집어져 있는 녀석이 보였다.

원문 2

The shaft of the harpoon was projecting at an angle from the fish's shoulder and the sea was discolouring with the red of the blood from his heart. First it was dark as a shoal in the blue water that was more than a mile deep. Then it spread like a cloud. The fish was silvery and still and floated with the waves.

문장 설명

첫째 문장에 나오는 at an angle은 '비스듬히'라는 뜻이다. shoulder는 '어깨'라는 뜻이지만 물고기에게는 특별히 어깨 부위가 없기 때문에 여기서는 그 부위를 나타내는 다른 단어로 표현하는 것이 더 좋을 것 같다. discolour는 '변색(퇴색)하다'는 뜻으로 with 이하와 연결하여 적절하게 번역하면 된다.

둘째 문장 처음에 나오는 First는 부사로, 다음 문장 Then과의 연결을 감안하여 '처음에는' 정도로 번역하고 셋째 문장의 Then은 시간의 흐름을 담아 '차츰'

정도로 번역하면 된다. 이 대목에는 it이 두 번 나오는데, 모두 the blood를 의미한다. First ~ deep에서 dark는 '짙은' 또는 '어두운 색'으로, in the blue water는 '푸른 바닷물 속' 정도로 이해하면 된다. 관계대명사 that 이하는 a shoal을 수식한다. shoal은 '모래톱'이라는 뜻도 있지만 여기서는 '(물고기) 떼'로 보는 것이 적절하겠다. mile은 앞서 언급한 것처럼 우리가 쓰는 단위로 바꿔야 한다. 실제 환산 길이는 1.6km 정도이지만 '1.5km가 넘는 깊이' 또는 '약 2km 되는 깊이'로 표현하면 된다. 다만 여기서는 수치 자체가 중요한 상황이 아니기 때문에 '깊은 바닷속' 정도로 번역해도 괜찮다.

마지막 문장 The ~ waves에서 still은 형용사로 '움직이지 않는(가만히 있는)'의 뜻으로 보는 게 적절하다. float는 '뜨다' '떠다니다' '부유하다' '표류하다'는 뜻인데 여기서는 그 상황—바닷물에 뜬 채로 물결에 따라 움직이는 모습—을 연상하며 문장을 만들면 된다. 이를 정리하면 다음과 같다. 물고기의 아가미 옆 위쪽으로 작살 자루가 비스듬히 돌출되어 있었고 바닷물은 놈의 심장에서 터져 나온 붉은 피로 물들어 있었다. 피는 처음, 깊은 바닷속 물고기 떼처럼 짙어 보이더니 차츰 구름처럼 퍼져 나갔다. 물고기는 은빛을 내며 가만히 바닷물에 뜬 채로 물결 따라(파동에) 흔들리고 있었다.

원문 3

The old man looked carefully in the glimpse of vision that he had. Then he took two turns of the harpoon line around the bitt in the bow and laid his head on his hands.

문장 설명

첫째 문장에서 명사 glimpse는 '흘끗 보기'라는 뜻으로 have(catch, get) a glimpse of ~와 같이 쓰이는데 이는 '~을 흘끗 보다' 또는 '~을 언뜻 보다'로 해석할 수 있다. vision은 '꿈 같은 광경(환상적인 것)'이라는 의미로, '붙잡은 커다란 고기'를 말한다고 할 수 있다. 따라서 첫 문장의 the glimpse of vision that he had는 '흘끗 본 꿈 같은 광경(물고기)'으로 이해하는 것이 적절할 것이다. 다만 이를 look carefully in과 자연스럽게 연결하려면 문장을 조금 다듬어야 한다. 정리하면 다음과 같다. 노인은 얼핏 환상처럼 보이는 놈을 주의 깊게 바라보았다. 또는 노인은 놈이 얼핏 환상 같아 보여서 (눈에 힘을 주고) 자세히 놈을 바라보았다로 옮겨도 괜찮다. 여기에는 자신이 커다란 물고기를 잡은 현실이 믿기지 않는다는 어감이 담겨 있다고도 할 수 있고 노인의 상태(어지러운 상황―비록 볼 수 있게 되었다 하더라도)를 다시 말해주는 것으로 이해할 수도 있다.

'보다'의 의미를 지닌 영어 단어로는 see, look, watch를 흔히 접하는데 어감이 각각 다르다. 간단히 설명하면 see는 자연스럽게 보게 되는 것, 즉 '눈에 들어오다'는 의미이고, look에는 '의도적으로 보다'는 뜻이 있으며 watch는 TV나 영화 등 일정 시간 움직이는 것을 보는 것, 즉 '지켜보다'는 의미다. 우리말로는 모두 '보다'로 번역할 수 있지만 영어 단어에 내재한 이런 어감을 이해하면 좀 더 정확한 표현이 가능하다.

둘째 문장에서 take two turns는 '두 번 돌리다'로 around the bitt과 연결하여 '~을 기둥에 두 번 감았다'로 이해하면 된다. 여기서 his head는 '노인의 머리'를 의미한다. lay A on B는 'B에 A를 놓다'는 뜻인데 원문 내용상 '손에 머리를 놓다'는 말은 어색하다. 우리말 표현은 손을 머리에 대는 게 자연스럽지, 머리를 손에 댄다(놓다)는 말은 자연스럽지 않기 때문이다. 이 경우 쉽게 생각하고 '머리에 손을 댔다'로 번역할 수가 있는데 실제 그런 의미라면 괜찮지만 그렇지 않을 경우에는 원문이 그렇게 쓰인 이유를 곰곰이 생각해봐야 한다. 원문을 통해 상황을 유추해보면 손은 어딘가에 고정―줄을 잡고 있는―되어 있는 상태이고 노인이 그 손에 자신의 머리를 갖다 댔다고 보는 게 적절할 것 같다. 좀 더 정확히 표현하면 지치고 어지러운 상태에서 무언가를 잡고 있는 손에 머리를 올려놓은 것이다. '올려놓았다'보다 '머리를 기댔다'는 표현이 더 자연스러울 수도 있다. 노인은 얼핏 환상 같아 보이는 놈을 주의 깊게 바라보았다. 그리고 나서 이물에 있는 기둥에 작살줄을 두 번 감은 뒤 (줄을 잡고 있는) 두 손에 머리를 기댔다.

• 번역 예시 •

노인은 어지러움에 구토 증세를 느꼈고, 게다가 잘 볼 수도 없었다. 하지만 노인은 엉킨 작살줄을 정리하고는 상처 난 두 손으로 그 줄을 천천히 풀어주었다. 눈이 조금 나아지자 노인의 시야에 은색 배를 드러낸 채 발랑 뒤집힌 녀석이 보였다. 물고기의 아가미 옆 위쪽으로 작살 자루가 비스듬히 돌출되어 있었고 바닷물은 놈의 심장에서 터져 나온 붉은 피로 물들어 있었다. 피는 처음, 깊은 바닷속 물고기 떼처럼 짙어 보이더니 차츰 구름처럼 퍼져 나갔다. 물고기는 은빛을 내며 가만히 바닷물에 뜬 채로 물결 따라 흔들리고 있었다.

노인은 놈이 얼핏 환상 같아 보여서 눈에 힘을 주고 자세히 놈을 바라보았다. 그러고 나서 이물에 있는 기둥에 작살줄을 두 번 감은 뒤 줄을 잡고 있는 두 손에 자신의 머리를 기댔다.

— 22강 —

원문 1

The old man looked at the fish constantly to make sure it was true. It was an hour before the first shark hit him.

문장 설명

첫째 문장에서 make sure는 '확인하다'의 의미다. it was true에서 it은 사정이나 상황을 가리키는 비인칭 주어로 보면 된다. make sure it was true는 '사실인지 확인하다'는 뜻으로, 쉽게 말하면 '꿈인지 생시인지 확인하다'가 되겠다. 노인은 꿈인지 생시인지 확인하기 위해 녀석을 계속 쳐다보았다.

둘째 문장의 before ~는 '~하기 전에'라는 의미인데 그 반대로 '뒤(후)에 ~하다'로도 번역할 수 있다. hit는 공격의 의미를 담아 알맞게 표현하면 된다. him은 '노인'으로도, '물고기'로도 볼 수 있지만 여기서는 '물고기'로 보는 게 더 적절해 보인다. 이는 첫 번째 상어가 물고기에게 달려들기 한 시간 전이었다로 번역할 수도 있고 한 시간이 지나서 첫 번째 상어가 물고기를 공격했다로도 번역할 수 있다. 이 문장에는 물고기를 잡은 기쁨이 한 시간을 채 넘기지 못했다는 아쉬움—하지만 담담하게—행간에 묻어 있다. 이 느낌을 살릴 수 있게 표현한다면 더 좋은 번역이 될 것이다.

원문 2

The shark was not an accident. He had come up from deep down in the water as the dark cloud of blood had settled and dispersed in the mile deep sea. He had come up so fast and absolutely without caution that he broke the surface of the blue water and was in the sun. Then he fell back into the sea and picked up the scent and started swimming on the course the skiff and the fish had taken.

문장 설명

첫째 문장 The ~ accident에서 shark는 '상어'라는 뜻이지만 '우연'의 의미인 accident와의 호응을 감안하면 '상어의 출현' 또는 '상어의 공격'으로 번역하는 게 좋겠다.

둘째 문장 He ~ sea에서 He는 '상어'를 가리키며 deep down in the water는 '물속 깊은 (곳)'으로 번역하면 된다. cloud는 '구름'이라는 뜻 외에 '구름 모양의 것' 또는 '연기나 먼지가 퍼져 자욱한 것'을 뜻한다. settle은 여기서 '침전하다' '가라앉다'는 뜻으로 쓰였다. 따라서 dark cloud of blood had settled and dispersed는 '(물고기에게서 흘러나온) 거무스름한 피가 가라앉으면서 퍼지는' 모습을 연상하며 번역하면 된다. the mile은 '1마일'을 의미하기도 하지만 앞서 언급했듯이 '(저) 깊은 바닷속'이라 번역하는 게 더 자연스럽다. as는 원인으로 이해하되 자연스럽게 표현하면 된다. 특히 이 문장은 앞 문장과 다른 시제(과거완료)임을 드러내어 번역해야 한다. 상어의 공격은 우연이 아니었다. 거무스름한 피가 깊은 바닷속으로 가라앉으면서 퍼지자 (그곳에 있던 놈이 피 냄새를 맡고) 올라온 것이었다.

그다음 문장은 결과의 의미를 담고 있는 so ~ that 문장이다. 여기서 fast는 부사다. absolutely는 '완전히' '전부'라는 뜻이다. 이를 연결하면 '빠르게 완전히(전부)'가 되는데 이는 '빠른 속도로 올라와 온몸을 드러낸'으로 이해하면 된다. 다만 번역문은 좀 더 다듬어 표현하면 좋을 것 같다. without caution은 '경고도 없이'로 번역할 수도 있고 '주의(조심)하지 않고' 또는 좀 더 의미를 확장하여 '겁없이'나 '거침없이'로도 번역할 수 있겠다. 상황이나 맥락을 보면 '거침없이'가 가장 자연스러운 표현일 것 같다. break the surface는 '표면(수면)을 깨다(부수다)', be in the sun은 '햇살을 받다'의 뜻으로 '잔잔했던 수면을 부수고 물 밖으로 나온' 상황을 표현하면 되겠다. 주절과 종속절의 시제가 다른 것은 시간의 흐름으로 이해하면 될 것이다. 그놈은 거침없이 아주 빠르게 올라와 푸른 해수면을 부수고는 햇살에 그 몸을 완전히 드러냈다.

마지막 문장 Then ~ taken에서 fall back into는 '~으로 물러나다'라는 뜻으로, the sea와 연결해 '물속으로 다시 들어가다'로 번역하면 된다. pick up은 the scent를 수식하므로 '(소리, 냄새 등을) 알아차리다' 또는 '포착하다'라는 뜻으로 쓰였지만 여기서는 '(냄새를) 맡다'가 더 자연스러워 보인다. course와 the skiff 사이에 목적절 관계대명사가 생략되었고 on the course를 the skiff 이하가 수식한다. 여기서 take는 '(길, 코스 등을) 잡고 나아가다'는 뜻으로 쓰였다. swim에는 '부드럽게(미끄러지듯) 움직이다'라는 뜻이 있는데, 상황은 조금 다르지만 여기서도 '움직이다'로 표현하는 것이 좋을 것 같다. 따라서 swim on the course (the skiff and the fish had taken)는 '(배와 물고기가 가는) 길을 따라 움직이다'로 번역하면 되고 on the course는 생략해도 괜찮을 듯하다. 이를 정리하면 다음과 같다. 그런 뒤, 다시 물속으로 들어간 그놈은 피 냄새를 맡고는 배와 물고기를(물고기가 가는 길을) 따라 움직이기 시작했다.

원문 3

Sometimes he lost the scent. But he would pick it up again, or have just a trace of it, and he swam fast and hard on the course.

문장 설명

첫째 문장은 '가끔씩 그놈은 (피) 냄새를 놓치기도 했다' 정도로 번역하면 된다.

둘째 문장 But ~ course에서 would와 again은 반복—습관—적인 동작으로 이해하면 된다. it은 두 개 다 the scent를 대신한다. have는 a trace of와 연결해 '~의 흔적을 잡다'는 의미로 이해하고 자연스럽게 표현하면 된다. just는 앞의 But의 의미, 즉 '가끔씩 놓치기도 하지만 ~'과의 호응을 감안하여 '곧' 또는 '~만이라도'로 이해하고 번역하면 된다. 여기서 hard는 부사로, '열심히'라는 뜻보다는 '맹렬히'라는 뜻이 더 적절하다. (swim) on the course는 앞서 언급한 대로 이해하면 되는데 swim은 상황이나 hard와의 호응을 위해, 이 문장에서는 '움직이다'보다 '쫓아가다'로 번역하는 것이 더 나을 것 같다. 하지만 그놈은 그럴 때마다 다시금 피 냄새를 포착하거나 곧 피의 흔적을 찾아내고 빠르게, 그리고 맹렬히 노인의 배와 물고기를 쫓아갔다.

• **번역 예시** •

노인은 꿈인지 생시인지 확인하기 위해 녀석을 계속 쳐다보았다. 한 시간이 지나서 첫 번째 상어가 물고기를 공격했다.

상어의 공격은 우연이 아니었다. 거무스름한 피가 깊은 바닷속으로 가라앉으면서 퍼지자 그곳에 있던 놈이 피 냄새를 맡고 올라온 것이었다. 그놈은 거침없이 아주 빠르게 올라와 푸른 해수면을 부수고는 햇살에 그 몸을 완전히 드러냈다. 그런 뒤, 다시 물속으로 들어간 그놈은 피 냄새를 맡고는 배와 물고기를 따라 움직이기 시작했다.

가끔씩 그놈은 피 냄새를 놓치기도 했다. 하지만 그럴 때마다 다시금 피 냄새를 포착하거나 곧 피의 흔적을 찾아내고 빠르게, 그리고 맹렬히 노인의 배와 물고기를 쫓아갔다.

— 23강 —

원문 1

He could not talk to the fish anymore because the fish had been ruined too badly. Then something came into his head.

문장 설명

talk to는 '~에게 말을 걸다', too badly는 '너무 심하게'라는 뜻이다. because 절은 연결해서 번역해도 되고, 따로 한 문장으로 만들어도 된다.

Then ~ head에서 come into one's head는 '머리에 떠오르다'라는 뜻이다. Then은 '그때' 정도로 번역해도 괜찮을 것 같다. 물고기가 너무 심하게 훼손되어서 노인은 더 이상 물고기에게 말을 걸 수가 없었다. 그때 문득 노인에게 무언가 떠올랐다.

원문 2

"Half fish," he said. "Fish that you were. I am sorry that I went too far out. I ruined us both. But we have killed many sharks, you and I, and ruined many others. How many did you ever kill, old fish? You do not have that spear on your head for nothing."

문장 설명

Half fish는 상어들의 공격 때문에 많이 훼손된 물고기의 상태를 나타낸다. he said는 대화체가 끝난 뒤에 놓는 게 더 나아 보인다.

Fish that you were는 지금은 비록 많이 상한 상태이지만 상어들의 공격을 받기 전까지만 하더라도 완전한 한 마리 물고기였다는 사실을 강조하는 것으로 보면 되겠다.

sorry that~은 '유감이다' 또는 '~을 미안하게 생각하다'는 의미다. go too far out은 '너무 멀리 나가다'라는 뜻이다.

ruin은 '망가뜨리다' 등 그 의미를 살려 번역하는 것이 기본적으로는 맞지만 이 상황에서 자연스럽게 나올 만한 어휘로 표현해도 괜찮겠다.

But ~ others에서 many others는 노인 또는 물고기가, 상어 외에 그동안 잡았던 많은 물고기를 말하는 것이다.

그다음 문장에서 old fish는 노인이 잡은 커다란 물고기를 뜻하는데 여기서 old는 그 크기 때문이기도 하겠지만 산전수전 다 겪은 노련한 물고기임을 나타내는 단어로 볼 수도 있다.

You ~ nothing은 (부정)의문문 형식으로 번역하는 것도 괜찮을 것 같다. that spear (on your head)는 (머리에 달린) 창처럼 뾰족한 주둥이를 말한다. 여기서 for nothing은 '까닭 없이'라는 뜻으로, 이 의미를 담아 자연스럽게 풀면 된다. "반쪽짜리 물고기야. (아니) 원래는 온전했던 물고기야. (이 모든 게) 너무 멀리 갔던 내 잘못이구나. 내가 우리 둘을 다 이 모양으로 만들어버렸어. 하지만 나랑 너, 우리도 상어를 꽤 많이 해치웠잖니. (그러고 보면) 그동안 우리도 많은 물고기를 죽여왔구나. 늙은 고기야, 너는 지금까지 얼마나 많은 물고기를 죽였니? 창처럼 뾰족한 네 주둥이는 그냥 있는 게 아니잖아?" 노인이 말했다.

원문 3

He liked to think of the fish and what he could do to a shark if he were swimming free. I should have chopped the bill off to fight them with, he thought. But there was no hatchet and then there was no knife.

문장 설명

첫째 문장의 like to do~는 '~하는 것을 좋아하다'라는 뜻이다. think of의 목적어는 the fish와 what 절로서 '물고기와 ~(것)을 생각하다'는 의미다. what ~ free에서 he는 '노인'으로도 '물고기'로도 볼 수 있지만 문맥상, 물고기로 보는 것이 더 적절하다. 여기서 free는 부사이기 때문에 '자유롭게'로 번역한다. if he were swimming에서 be 동사를 were(가정법)로 쓴 이유는 이미 죽어 있는 물고기에게는 swimming이 불가능한 일이기 때문이다. 노인은 물고기를 생각하는 게 좋았고, 또 물고기가 자유롭게 헤엄친다면 상어에게 무엇을 할 수 있을까를 생각해보는 것도 좋았다.

둘째 문장의 should have p.p는 '~했어야 했는데 그렇게 하지 못했다'는 후회의 뜻을 담고 있다. chop off는 '~을 잘라 내다'라는 의미다. the bill은 노인이 잡은 커다란 물고기의 '긴 주둥이'를 말한다. to fight는 '싸우기 위해'라는 뜻이지만 상황상 '싸우려면' 또는 '싸우기 전에'로 번역하는 게 자연스러워 보인다. 아울러 '갖고 (싸울)'의 뜻을 지닌 with도 의미를 드러내어 번역해야 한다.

But ~ knife에서 and then은 '그리고 또' 정도로 번역하면 된다. 이 문장은 시제와 의미상, 노인의 생각이 아닌 화자(저자)의 설명으로 이해하고 번역하는 게 더 정확할 것으로 보이고, 앞선 싸움에서는 칼도 사용했기 때문에 시점도 현재 상황(서술 시점)으로 보는 것이 맞다. '그놈들과 싸우기 전에 저 기다란 주둥이를 잘라서 무기로 삼았어야 했는데 말이야.' 노인이 생각했다. 하지만 (노인에게는) 이제 손도끼도, 칼도 없었다.

원문 4

But if I had, and could have lashed it to an oar butt, what a weapon. Then we might have fought them together. What will you do now if they come in the night? What can you do?

"Fight them," he said. "I'll fight them until I die."

문장 설명

if I had는 본동사가 생략된 과거완료 조건 절이고 and 뒤에 생략된 주어는 '노인'이다. could have p.p는 '~할 수 있었을 것이다'는 뜻으로 과거 사실의 반대를 의미한다. what a는 감탄의 의미인데 이 어감을 살려 번역해도 되고, 앞 문장과 자연스럽게 연결해도 괜찮겠다. 비교해보자. '그래도 만약(정말) (내가) 주둥이를 잘랐더라면 그것을 노 밑동에 묶을 수(묶어 쓸 수) 있었을 텐데. 이 얼마나 훌륭한 무기인가.' '그래도 만약(정말) (내가) 주둥이를 잘랐었다면 그것을 노 밑동에 묶어서 훌륭한 무기로 써먹을 수 있었을 텐데.' 어떤가. 선택은 번역가가 하면 된다.

둘째 문장 Then ~ together에서 Then은 '그렇다면'의 뜻이고 might have p.p는 '~했을지도 모른다'는 의미로 이 역시 과거 사실의 반대를 나타낸다. 이 문장을 보아 앞에서 '나랑 너, ~ 많이 해치웠잖니(we have killed many sharks, you and I)'라고 표현한 것은 상어와의 싸움에 물고기도 함께했다는 의미 정도로 이해하면 된다. 이 문장은 노인이 물고기의 주둥이를 무기로 활용했다면 실제 함께 싸우는 셈이 될 수 있었음을 표현하고 있으므로 앞선 내용과의 구별을 위해 '정말' 또는 '실제'라는 표현을 넣는 것이 좋겠다.

What으로 시작하는 두 의문문에서 you는 '물고기'로도 '노인'으로도 볼 수 있지만 노인 자신을 말하는 것으로 보는 게 적절하다.

마지막 줄의 he said 역시 노인의 마음을 더 잘 표현할 수 있는 단어를 활용하여 번역하면 좋을 것이다. '그래도 만약(정말) 내가 주둥이를 잘랐었다면 그것을 노 밑동에 묶어서 훌륭한 무기로 써먹을 수 있었을 거야. 그랬다면 우리가(나랑 너랑) 정말 함께 그놈들과 싸우는 거였는데 말이야. 이 밤에 상어들이 (또) 공격해 온다면 이젠 어떻게 하지? 뭘 할 수 있을까?' "싸워야지. (그럼) 죽을 때까지 싸워야지." 노인이 다짐하듯 말했다.

· 번역 예시 ·

물고기가 너무 심하게 훼손되어서 노인은 더 이상 물고기에게 말을 걸 수가 없었다. 그때 문득 노인에게 무언가 떠올랐다.

"반쪽짜리 물고기야. 아니, 원래는 온전했던 물고기야. 이 모든 게 너무 멀리 나갔던 내 잘못이구나. 내가 우리 둘을 다 이 모양으로 만들어버렸어. 하지만 나랑 너, 우리도 상어를 꽤 많이 해치웠잖니. 그러고 보면 그동안 우리도 많은 물고기를 죽여왔구나. 늙은 고기야, 너는 지금까지 얼마나 많은 물고기를 죽였니? 창처럼 뾰족한 네 주둥이는 그냥 있는 게 아니잖이?" 노인이 말했다.

노인은 물고기를 생각하는 게 좋았다. 또 물고기가 자유롭게 헤엄친다면 상어에게 무엇을 할 수 있을까를 생각해보는 것도 좋았다. '그놈들과 싸우기 전에 저

기다란 주둥이를 잘라서 무기로 삼았어야 했는데 말이야.' 노인이 생각했다. 하지만 노인에게는 이제 손도끼도, 칼도 없었다.

'그래도 만약에 주둥이를 잘랐었다면 그것을 노 밑동에 묶어서 훌륭한 무기로 써먹을 수 있었을 거야. 그랬다면 우리가 정말 함께 싸우는 거였을 텐데. 이 밤에 상어들이 또 공격해 온다면 이젠 어떻게 하지? 뭘 할 수 있을까?'

"싸워야지. 그럼 죽을 때까지 싸워야지." 노인이 다짐하듯 말했다.

— 24강 —

원문 1

One came, finally, against the head itself and he knew that it was over. He swung the tiller across the shark's head where the jaws were caught in the heaviness of the fish's head which would not tear. He swung it once and twice and again.

문장 설명

첫째 문장 One ~ over에서 One은 또 다른 상어 한 마리를 말한다. itself는 목적어 the head를 강조하는 재귀대명사로서 the head itself는 '(노인이 잡은 커다란) 물고기 머리 그 자체'로 상어가 물고기의 머리를 겨냥하고 달려든 것을 의미한다. against는 '~을 향하여'의 의미로 이해하면 된다. he는 '노인'이다. 여기서 know는 '생각하다'로 보는 게 좋겠다. it was over는 '끝났다'는 의미다. 마지막으로 한 놈이 물고기의 머리를 향해 달려들었다. 노인은 (이제) 끝이라는 생각이 들었다.

둘째 문장 He ~ tear에서 전치사 across는 '이쪽에서 저쪽까지' '가로질러' '걸쳐서' 등의 의미를 갖지만 문장의 서술어, 목적어와 어울리는 단어로 자연스럽게 표현하면 된다. 따라서 swung the tiller across the shark's head는 '상어의 머리에 대고 키 손잡이를 휘둘렀다(머리를 때리다)'로 번역하면 된다. where 이하 head 까지는 상어의 머리 부분(턱과 입)을 묘사하고 which 이하는 the fish's head를 설명하고 있다. 이런 경우 where 앞에서 문장을 끊어주는 것도 괜찮고 문장 순서를 조금 달리해서 풀어주는 것도 괜찮다(Tip 8 참조). be caught는 '잡히다(걸리다)'로, in the heaviness of the fish's head는 '물고기의 무거운(커다란) 머리에'로 이해하면 되겠다. would not tear는 '찢기지(뜯기지) 않을'이라는 뜻이다. 이 문장은 상어가 입을 벌려 물고기 머리를 물긴 했지만 물고기 머리가 워낙 커서(무거워서) 뜯어(잘라) 내지도 못하고 도리어 물고기 머리에 걸려 있는 상황을 묘사한 것이다.

마지막 문장 He ~ again에서 it은 '키 손잡이(tiller)'다. once and again은 '여러 번 되풀이하여'라는 뜻인데 사이에 twice를 넣어 의미를 좀 더 부각시킨 것으로 이해하면 된다. 상어는 물고기 머리를 물긴 했지만 잘라 내지도 못하고 크고 무거운 물고기 머리에 걸려 잡힌 꼴이 되고 말았다. 노인은 상어 머리에 대고 키 손잡이를 휘둘렀다. 노인은 한 번, 두 번, 계속해서 키 손잡이를 휘두르며 상어의 머리를 공격했다.

원문 2

He heard the tiller break and he lunged at the shark with the splintered butt. He felt it go in and knowing it was sharp he drove it in again. The shark let go and rolled away. That was the last shark of the pack that came. There was nothing more for them to eat.

문장 설명

hear+목적어+do 구문은 '목적어가 do하는 것이 들리다'라는 뜻이다. splintered butt는 '쪼개진(부러진) 밑동(손잡이)'으로 부러진 키 손잡이의 남은 부분을 말하는 것으로 이해하고 번역하되 문장은 좀 더 자연스럽게 표현하면 좋겠다. 첫 문장은 주어가 같은(he) 단문 두 개의 나열이기 때문에 주어를 하나로 통일하고 He heard ~는 꼭 '노인이 ~을 들었다'로 번역하지 않아도 된다. 키 손잡이가 부러지자 노인은 남은 부분으로 상어를 찔렀다.

둘째 문장 He ~ again에 나오는 feel+목적어+do 구문은 '목적어가 do하는 것을 느끼다'는 뜻이다. 이 문장에 나오는 it은 모두 splintered butt를 말하는데 여기서는 '부러진 손잡이'로 표현하면 된다. know는 기본적으로 '알다' 또는 '인식하다'는 뜻이지만 어감상 '확인하다'는 뜻으로도 번역할 수 있다. drive in은 '박다(박아 넣다)'는 뜻이다.

셋째 문장 The shark ~ away에서 let go는 '자제심을 잃다', roll away는 '굴러서 멀어져가다'는 의미인데 이를 연결해서 '(고통 때문에) 몸부림치며 도망치다'로 이해하면 될 것 같다. 부러진 손잡이가 (상어) 몸으로 들어가는 것을 느낀 노인은 손잡이의 날카로움을 확인하고는 다시 그것을 상어의 몸에 박아 넣었다. 상어는 (고통으로) 몸부림치며 멀어져갔다.

넷째 문장 That was ~ came에서 앞의 That은 지시대명사로서 지금 막 공격을 받고 멀어진 '상어'를 가리키고 뒤의 that은 주격 관계대명사로 the pack을 수식한다. pack that came은 '왔던(달려들던) (상어) 무리'로 이해하면 되는데 굳이 드러내어 번역하지 않아도 된다.

마지막 문장 There ~ eat에서 for them to eat는 'them이 eat하는'으로 풀면 되는데 상황에 맞게, 자연스럽게 표현하면 된다. 그놈이 마지막 놈이었다. 더 이상 남아 있는 살도 없었다.

원문 3

When he sailed into the little harbour the lights of the Terrace were out and he knew everyone was in bed. The breeze had risen steadily and was blowing strongly now. It was quiet in the harbour though and he sailed up onto the little patch of shingle below the rocks.

문장 설명

When ~ bed에서 '때'를 나타내는 when 절은 harbour까지이고, the lights ~ out과 he ~ in bed가 and로 연결되어 있다. sail into harbour는 '(배가) 입항

하다'는 뜻이지만 '(나갔다) 돌아오다'로 번역하는 게 더 자연스럽다. 여기서 be out은 '(전등이) 꺼져 있다'는 말이다. be in bed는 '자고 있다'는 뜻이다. 이 문장은 나누어도 좋겠다. (마을의) 조그마한 항구로 돌아왔을 때 테라스의 등불은 꺼져 있었다. 물론 노인은 (그 시간에는) 모두 잠들어 있다는 사실을 알고 있었다.

둘째 문장 The ~ now에서 and 앞 문장은 시제가 과거완료이고 뒤 문장은 과거이다. 시간 흐름과 바람 변화를 매끄럽게 표현하면 되겠다. 끊임없이 일던 미풍이 이젠 강하게 불고 있었다. 또는 끊임없이 일던 미풍은 이제 강풍으로 바뀌었다도 좋아 보인다.

셋째 문장 It ~ rocks에서 sail up onto는 노인이 배를 접안하면서 '~ 위까지 (배를 몰고) 나아가다'는 뜻인데 이는 '~ 위에 배를 올려놓다'로 이해하면 된다. patch of shingle은 '자갈밭'으로, below the rocks는 '바위(들) 아래'로 번역하면 된다. 이 문장 역시 두 문장으로 나누어도 좋다. 하지만 항구는 조용했다. 노인은 바위 아래 작은 자갈밭에 배를 올려놓았다.

원문 4

Many fishermen were around the skiff looking at what was lashed beside it and one was in the water, his trousers rolled up, measuring the skeleton with a length of line.

문장 설명

looking ~ it은 분사 구문이다. and 다음의 one은 뒤의 his로 보아 '한 남자'로 이해하면 된다. 여기서 beside(옆에)는 굳이 드러내어 번역하지 않아도 되겠다. what은 '~ 것'으로도, 그냥 '물고기'로도 번역할 수 있다. 다만 다음에 나오는 skeleton으로 알 수 있듯 살이 거의 뜯겨져 뼈밖에 남지 않은 물고기를 그냥 물고기라고 표현하기에는 무리가 있어서 물고기 상태를 첨언하는 것이 좋다. it은 '배'를 말하고 roll up은 '말아(걸어) 올리다'는 의미다. his trousers rolled up은 '말아 올려진 그의 바지'라는 뜻이지만 그(한 남자)를 주체로 능동 표현을 쓰는 것이 좋다. measuring ~ line 역시 분사 구문이며 a length of line은 '밧줄(낚싯줄) 하나' 또는 '한 가닥 밧줄'로 번역하면 되겠다. skeleton은 '골격' 또는 '뼈대'의 뜻이지만 여기서는 앞서 물고기 상태를 언급한다는 전제하에 '크기'라고 해도 무방해 보인다. 배를 둘러싼 많은 어부가 살점이 다 뜯겨 뼈만 남은 채 배에 묶여 있는 물고기를 쳐다보았고, 한 남자는 바지를 걷어 올리고 물속에서 밧줄 하나로 그 크기를 재고 있었다.

원문 5

The boy did not go down. He had been there before and one of the fishermen was looking after the skiff for him.

"How is he?" one of the fishermen shouted.

문장 설명

go down은 '내려가다', 둘째 문장의 had been there before는 '앞서 그곳에 있었다'는 뜻이다. look after는 '~을 지켜보다' 또는 '지키다'란 의미로 이해하면 된다. 둘째 문장에서 him은 '노인'을 말한다. 둘째 문장은 '이유'의 뜻으로 문장을 푸는 것이 더 자연스러워 보인다. and 앞 문장(과거완료)과 뒤 문장(과거)의 시제 차이는 드러내어 번역하는 것이 좋다. 청년은 내려가지 않았다. 앞서 내려가보기도 한 데에다 어부 한 명이 노인의 배를 봐주고 있었기 때문이다.

마지막 문장 How ~ shouted에서 one은 앞서 나온 one(물고기 크기를 재는 어부)과 다른 사람임을 알 수 있도록 번역해야 한다. shout는 소리쳐 말하는 것이지만 그 내용이 질문이기 때문에 '큰 소리로 물어보다'로 번역해도 무방하다. 참고로 노인의 배를 지키고 있다거나 관심을 보이는 것으로 보아 두 사람 모두 나이가 많은 사람이 아닐까 짐작할 수 있다. 『노인과 바다』 앞부분을 보면, 노인이 84일간 고기를 잡지 못했을 때 많은 어부가 노인을 비웃었지만 그중 나이가 좀 더 많은 어부들은 노인을 안쓰러워했다는 내용이 나오기 때문이다. 물론 그럴 가능성이 있다는 것일 뿐 꼭 그렇다고 할 수 있는 건 아니다. 커다란 물고기, 더욱이 뼈만 남은 물고기에 대한 관심은 어느 어부에게나 있을 수 있을 테니 말이다. 그래도 이렇게 he의 나이를 짐작해보는 것이 불필요한 일은 아니다. 화자

(질문자)의 연배가 어떠한지에 따라 How is he에서 he를 칭하는 호칭이 달라질 수 있기 때문이다. 즉 he는 할아버지로도, 영감으로도, 또는 아저씨로도 번역할 수 있다. 물론 노인의 이름도 가능하다. 그런데 청년에게 물어보는 것이기 때문에 청년의 입장에서 할아버지라고 표현하는 게 가장 무난할 듯하다. 청년과 노인 외 다른 어부들의 연배는 정확히 알 수 없지만 여기서는 청년보다는 나이가 많다는 전제하에 대화문을 번역하는 게 좋을 것 같다. "할아버지는 어떠시니?" 또 한 어부가 큰 소리로 물었다.

원문 6

"Sleeping," the boy called. He did not care that they saw him crying. "Let no one disturb him."

"He was eighteen feet from nose to tail," the fisherman who was measuring him called.

문장 설명

call은 '큰 소리로 부르다' 또는 '말하다'는 뜻이지만 내용이 질문에 대한 대답이므로 '대답하다'로 번역하면 된다.

둘째 문장에서 He는 '청년'을 말한다. they는 '사람들'로 보면 된다. see+목적어+doing은 '목적어가 doing하는 것을 보다'이다. 여기서 목적어 him 역시 '청년'이다. care+that 절은 'that 이하를 신경 쓰다'는 뜻인데 좀 더 자연스러운 문장으로 바꾸어도 좋다. disturb는 '방해하다'는 뜻이지만 여기서는 '깨우다'로 번역하는 것도 괜찮다.

마지막 구절 the fisherman ~ called에서 the fisherman은 앞서 밧줄로 물고기 크기를 잰 어부를, him은 '물고기'를 말한다. nose는 '코'뿐 아니라 어떤 물체의 '끝' 또는 '앞'을 의미하기도 한다는 점을 감안하여 독자가 이해하기 쉬운 단어로 표현하면 된다. "주무세요." 청년이 대답했다. 청년은 사람들 시선에도 아랑곳하지 않고 눈물을 흘리고 있었다. "방해하지(깨우지) 말아주세요." "머리끝에서 꼬리까지 5.5미터구먼." 물고기 크기를 재던 어부가 말했다.

원문 7

Up the road, in his shack, the old man was sleeping again. He was still sleeping on his face and the boy was sitting by him watching him. The old man was dreaming about the lions.

문장 설명

Up the road는 '길 위로(에)'의 뜻이지만, 여기에서는 '오르막길 위로' 즉 '고개 위' 또는 '언덕 위'가 자연스럽다. his shack은 '노인의 오두막집'을 말한다.

둘째 문장 He ~ watching him에서 on one's face는 '엎드려서', by는 '옆에서'라는 뜻이다. 첫째 문장과 둘째 문장이 같은 장면—잠자는 장면—을 묘사하고 있어 두 문장을 한 문장으로 번역해도 될 것 같지만 still에서 시간 흐름이 느껴지기 때문에 원문처럼 문장을 나누어 번역하는 것이 적절하다. sleeping과 sitting은 '노인은 자고 있고 청년은 앉아 있다'로, 분사 구문 watching은 '쳐다보면서'로 번역할 수 있다. 이 역시 문맥을 이해하고 자연스럽게 풀면 된다. 언덕 위, 자신의 오두막집에서 노인은 다시 잠을 자고 있었다. 엎드린 채 여전히 잠에 빠져 있는 노인을 청년이 그 옆에 앉아서 (가만히) 쳐다보고 있었다. 노인은 사자 꿈을 꾸고 있었다(노인의 꿈에 사자들이 보였다).

부사를 번역할 때, 수식의 대상을 명확히 인식하지 않고 번역하면 미묘한 차이로 내용이 달라지거나 오역이 될 수 있다. '엎드린 채 여전히 잠을 자다'와 '여전히 엎드린 채 잠을 자다'를 비교해보면 알 수 있을 것이다. 이 문장에서는 still이 sleep을 수식한다는 점을 이해하고 번역하는 것이 좋다. 이 단락의 마지막 문장이 『노인과 바다』 원서의 마지막 문장이다. 앞서 나온 꿈 얘기를 다시 언급함으로써 평범한 일상으로의 회복을 말하는 듯하다.

· 번역 예시 ·

마지막으로 한 놈이 물고기 머리를 향해 달려들었다. 노인은 이제 끝이라는 생각이 들었다. 상어는 물고기 머리를 물긴 했지만 잘라 내지도 못하고 크고 무거운 물고기 머리에 걸려 잡힌 꼴이 되고 말았다. 노인은 상어 머리에 대고 키 손잡이를 휘둘렀다. 노인은 한 번, 두 번, 계속해서 키 손잡이를 휘두르며 상어의 머리를 공격했다. 키 손잡이가 부러지자 노인은 남은 부분으로 상어를 찔렀다. 부러진 손잡이가 상어의 몸으로 들어가는 것을 느낀 노인은 손잡이의 날카로움을 확인하고는 다시 그것을 상어의 몸에 박아 넣었다. 상어는 고통으로 몸부림치며 물고기에게서 떨어져 나갔다. 그놈이 마지막 놈이었다. 더 이상 남은 살도 없었다.

...

마을의 조그마한 항구로 돌아왔을 때 테라스의 등불은 꺼져 있었다. 물론 노인은 그때가 모두 잠든 시간이라는 사실을 알고 있었다. 끊임없이 일던 미풍은 이제 강풍으로 바뀌었다. 하지만 항구는 조용했다. 노인은 바위 아래 작은 자갈밭에 배를 올려놓았다.

...

배를 둘러싼 많은 어부가 살점이 다 뜯겨 나가 뼈만 남은 채 배에 묶여 있는 물고기를 쳐다보았고, 한 남자는 바지를 걷어 올리고 물속에서 밧줄 하나로 그 크기를 재고 있었다.

청년은 내려가지 않았다. 앞서 내려가보기도 한 데다 어부 한 명이 노인의 배를 봐주고 있었기 때문이다.

"할아버지는 어떠시니?" 또 한 어부가 큰 소리로 물었다.

"주무세요." 청년이 대답했다. 청년은 사람들 시선에도 아랑곳하지 않고 눈물을 흘리고 있었다. "깨우지 말아주세요."

"머리끝에서 꼬리까지 5.5미터구먼." 물고기 크기를 재던 어부가 말했다.

...

언덕 위, 자신의 오두막집에서 노인은 다시 잠을 자고 있었다. 엎드린 채 여전히 잠에 빠져 있는 노인을 청년이 그 옆에 앉아서 가만히 쳐다보고 있었다. 노인은 사자 꿈을 꾸고 있었다.

에필로그

　적지 않은 시간이 들었다. 초고를 쓰기 시작할 때만 해도 일정을 길게 잡지 않았다. 그러나 이 일에만 매진할 형편이 아니었던 데다 초고 완성 후 퇴고 과정을 거치면서 문장과 내용을 수정하다 보니, 이래저래 생각보다 시간이 오래 걸리고 말았다. 왜 이 문장을 이렇게 봤었지? 이건 왜 빠뜨렸던 거야? 아, 이렇게 표현했어야 했는데! 터무니없이 실수한 문장도 있고 미묘한 차이를 놓쳤다가 발견하고는 안도의 한숨을 내쉰 적도 있다. 그래도 여전히 완벽하다고 자신할 수는 없다. 아니, 완벽하지 않을 것이다.

　그럼에도 과감히(?) 이 책을 마무리할 수 있는 이유는 서문에서 밝혔듯 진부한 표현일지 모르지만 쉽게 풀어 설명하면 이 책을 '물고기를 잡아주기' 위한 것이 아니라 '물고기 잡는 방법'을 전하기 위해 기획했고 그 소기의 목적은 어느 정도 달성했다고 생각하기 때문이다. 나름 최선을 다했다. 하지만 오류도 있을 것이고 부족한 부분도 없지 않을 것이다. 번역이 바로 그런 것이다. 세상에 100%, 무오류의 완벽한 번역이 있을 수 있을까. 번역하는 사람이라면 100% 무오류를 지향하겠지만 이는 결코 달성할 수 없을지도 모른다. 그래도 최선을 다해, 어떨 때는 밤을 새우고, 어떨 때는 앉은 채로 꼬박 몇 시간을 보내며 더 나은 번역을 위해 노력한다. 남이 보면 똑같은 문장 같지만 조사 하나, 쉼표 하나도 허투루 쓰지 않고 일일이 신경 쓰며 문장을 만들어간다. 이 책에서 원문으로 차용한 『노인과 바다』의 저자 헤밍웨이가 이런 말을 했다고 한다. "모든 초고는 걸레다." 그는 『노인과 바다』를 400번 퇴고했다고 한다. 번역과 글쓰기가 등치는 아니지만 '번역은 글쓰기'라는 명제는 성립한다.

　번역은 쉬운 일이 아니다. 하지만 세상에 쉬운 일이 어디 있겠는가. 글을 좋아하고 번역을 하고 싶다면, 정말 번역가가 되고 싶다면, 번역이 정말 적성에 맞을 것 같다면 한번 도전해보라. 나중에 어느 훌륭한 번역가가 자신이 번역을 막 시작할 무렵 큰 도움을 준 책이라며 이 책을 소개하는 장면을 상상해본다. 그리고 이 상상이 어처구니없는 생각이 아니라 정말 고개가 끄덕여지는 상상이라는 말을 들을 수 있길 진심으로 바란다.

　마지막으로 내 경험을 바탕으로, 번역에 아무 경험이 없던 사람이 번역 일에 입문하는 방법을 몇 가지 소개한다.

　1. 번역 교육기관, 어학연수 등 번역과 관련한 교육을 이수하라.
　적어도, 번역 일감을 제공해줄 수 있는 누군가가 '번역 실력을 한번 보자'고 생각할 만한 이력을 쌓아라. 실무에서는 생각 외로 학력과 경력보다 실력—결과—을 더 중시하기 때문에 번역을 해볼 수 있는 기회를 만드는 것이 중요하다.
　2. 번역 일을 제공할 수 있는 지인이 있다면, 그 사람을 십분 활용하라.
　어떤 번역이어도 좋다. 할 수 있는 기회가 생긴다면 머뭇거리지 말고 도전하되 자신이 감당할 수 있는 만큼만 진행하라.
　3. 그런 지인이 없다면 믿을 수 있는 번역 회사를 찾아 적극적으로 자신의 이력서를 제출하거나, 인력을 구하는 번역 회사를 찾아라.
　번역을 하고 싶다면 먼저 눈앞에 보이는 경제적인 요소는 접어두어야 한다. 이는 요즘 인구에 회자되는 '열정 페이'를 말하고자 함이 아니다. 길게 보아야 한다는 말이다. 도제와 같은 자세로 우선 실무 경험과 실력을 쌓는 것이 중요하다. 앞서 말했듯 '번역은 글쓰기'다. 검증되지 않은 작가를 뽑는 회사가 과연 얼마나 되겠는가. 게다가 내 글솜씨를 인정해주고 그에 대한 대가를 치를 회사가 얼마나 있을까. 믿지 못할 업체들이 난립해 있는 현실을 직시해야 한다. 처음에는 기회를 잡는다는 생각으로, 실력과 경험을 쌓는다는 생각으로 그나마 믿을 수 있는 회사를 찾아 이력서와 자기소개서를 제출해보라.

4. 번역 관련 모임에 대한 자료를 찾아보라.

가끔 신문사 등 언론, 출판 기관에서 진행하는 번역 관련 세미나와 교육이 있다. 그런 곳을 통하면 번역 도서 기획 등 또 다른 기회와 마주할 수도 있다.

어떤 방식이든 번역할 수 있는 기회를 능동적으로 찾고 행동하라. 단 시간 낭비가 될지, 정말 어떻게든 도움이 될지는 자신이 판단할 몫이다.

번역을 하고 싶다 잘

2016년 5월 30일 초판 1쇄 발행

글쓴이 ｜ 조종상
편집 ｜ 송경회·이주선
디자인 ｜ 이수정
펴낸이 ｜ 조종상
펴낸곳 ｜ (주)소리
등록일자 ｜ 2014년 10월 28일
등록번호 ｜ 제2014-37호

주소 ｜ 서울시 도봉구 덕릉로 325, B101호
전화 ｜ 02-391-0268
팩스 ｜ 02-391-0268
홈페이지 ｜ www.jusori.com
이메일 ｜ jusori.com@daum.net

ISBN 979-11-953933-0-5 13740

값 16,000원

파본은 구입처에서 바꿔 드립니다.
이 책의 무단 전재와 복제를 금합니다.

이 도서의 국립중앙도서관 출판예정도서목록(CIP)은 서지정보유통지원시스템 홈페이지
(http://seoji.nl.go.kr)와 국가자료공동목록시스템(http://www.nl.go.kr/kolisnet)에서
이용하실 수 있습니다.(CIP제어번호: CIP2016012530)